U0833516

财务越简单越好 3

企业经营，财务为先

张振先◎著

SPM
南方出版传媒
广东经济出版社
·广州·

图书在版编目（CIP）数据

财务越简单越好.3，企业经营，财务为先/张振先著.—广州：广东经济出版社，2017.12

ISBN 978-7-5454-5839-8

Ⅰ.①财…　Ⅱ.①张…　Ⅲ.①企业管理—财务管理　Ⅳ.①F275

中国版本图书馆CIP数据核字（2017）第250519号

出 版 人：姚丹林
责任编辑：易　伦　甘雪峰
责任技编：许伟斌
装帧设计：李　尘

财务越简单越好.3 企业经营，财务为先
CAIWUYUEJIANDANYUEHAO 3 QIYEJINGYINGCAIWUWEIXIAN

出版发行	广东经济出版社（广州市环市东路水荫路11号11~12楼）
经销	全国新华书店
印刷	北京盛兰兄弟印刷装订有限公司（北京市大兴区黄鹅路西临89号）
开本	710毫米×1000毫米　1/16
印张	16.25
字数	197 000
版次	2017年12月第1版
印次	2017年12月第1次
书号	ISBN 978-7-5454-5839-8
定价	48.00元

如发现印装质量问题，影响阅读，请与承印厂联系调换。
广东经济出版社常年法律顾问：何剑桥律师
·版权所有　翻版必究·

前言

FINANCE

财务管理的产生和发展已有近百年的历史，在约一个世纪的时间里，财务管理已发展成一门独立的、融众多学科知识于一身的系统学科，并在企业管理中发挥着极其重要的作用。财务的经营与管理是有关资金的获得和有效使用的管理工作。明确财务管理目标是搞好财务管理的前提，财务管理目标决定了财务经营的内容和职能，以及它所使用的概念和方法。

一个公司的财务经营主要涉及三个方面的内容：投资决策、融资决策和资产管理决策。在三项主要的决策中，投资决策是最为重要的。投资决策也称为资本预算，主要是指企业的长期投资和管理的过程。它的基本特点在于：公司在今天的投资只有在未来才能产生收益，而未来是具有不确定性的。公司的决策人员在进行投资决策时，需要综合考虑项目的金额、时间长短和未来现金流的风险等因素。只有这样，才能增加企业的价值。

企业的投资活动需要资金的支持，融资决策就是为企业正常生产经营提供融资的决策。好的融资决策能够带给企业更高的资金使用效率，确保股东价值最大化的实现。资产管理决策是财务管理的第三项重要内容。在资产已经购置、所需资金已经筹集之后，公司需要对这些资产实施有效的管理。在通常的情况下，财务经理更多是关注营运资本的管理，目的在于保证企业生产经营资金的正常周转，保持生产经营的连续性。对于固定资产的管理，很大一部分责任是由使用这些资产的生产经理承担。

本书从本源与经营的角度去阐述财务的相关知识，通过简单易懂的阐释和经典的案例分析，旨在帮助大家提高财务素质与财务技能。本书可以作为企业经营者、中高层管理者、投资者提高财商，以及财务人员提升财务管理水平的参考用书。

本书脉络清晰，体例新颖，侧重于理论表述与实务相结合，采用管理者们读得懂的语言阐明财务理念、财务方法，开启您的经营管理智慧。不论您是财务专业人士，还是非财务专业人士，只要您想成为一名成功的企业管理者或投资者，您就会发现本书非常有用，它将使您受益匪浅！

|目 录|

F I N A N C E

|第三章| 企业经营要学会躲避陷阱

|第四章| 管好现金就是管好企业命脉

|第五章| 企业预算如何真正落地

|第六章| 会经营更要会经营财务人员

|第七章| 融资上市了解这些很重要

|第八章| 不要把规范避税当作逃税

|第九章| 避开财务风险让企业越走越远

|第十章| 如何规避股权之争的风险

1

|第一章|

F I N A N C E

不懂财务知识何谈经营

全球著名的麦肯锡咨询公司在认真研究了中外企业的差异后认为，中国的经营管理者与国际同行的最大差异在于——财务的素质和技能，中国的企业需要加强建设的第一项能力就是卓越的财务能力。

事实证明，如果经营者不注意企业的财务管理，外国的优秀企业也会轰然倒塌，雷曼、米高梅的倒闭便是活生生的例子；反过来，只要国内的经营者具备了这种卓越的财务能力，也能够取得让世界侧目的成就，小米手机在中国的成就也许就是最好的例子。

不懂财务的困扰

财务是国际通用的商业语言，是企业经营管理者必须掌握的重要技能和必须具备的重要素质。

在中国，很大一部分的企业经营者，尤其是中小企业主，一般都认为财务只是一个记记账、报报税的工作而已，根本不可能为企业经营做出什么贡献。在他们的经营过程中，大多对财务数据也不怎么重视，更不用说要用好这些数据了。全球最著名的麦肯锡咨询公司在认真研究了中外企业的差异后认为，中国的经营管理者与国际同行的最大差异在于——财务的素质和技能，中国的企业需要加强建设的第一项能力就是卓越的财务能力。

苹果公司的轻资产战略，使得它一度成为全世界最赚钱的公司；沃尔玛卓越的成本管理和费用控制能力使得它一直牢牢占据着世界零售行业的头把交椅；戴尔的“零库存”战略让它实现了用最小的资金占用赢得最大化的收益……很多人在分析这些世界名企取得的傲人成就时，都归功于国外的技术、商业环境等各种因素，却往往忽略了一个非常关键的因素——财务。无论是轻资产、零库存，还是系统成本控制，都离不开经营管理者卓越的财务能力。事实证明，如果经营者不注意企业的财务管理，外国的优秀企业也会轰然倒塌，雷曼、米高梅的倒闭便是活生生的例子；反过来，只要国内的经营者具备了这种卓越的财务能力，也能够取得让世界侧目的成就，小米手机在中国的成就也许就是最好的例子。这家初创时只有 7 人的公司，凭借经营者超强的营销与财务运作能力，使其在短短 3 年内，估值就达到 100 亿美元……

在认识到这点后，我们又不禁要问，那么要如何来建设经营管理者卓越的财务能力呢？社会上很多会计类书籍要么从最基本的借贷记账法、会计恒等式、账务处理流程、税款计算和缴纳等知识点开始讲起，一大堆难懂难记的概念、理论让经营者在还没有入门时就直接放弃学习；要么一上来就讲复杂的财务指标、财务分析方法，而又忽略了财务基本理念的建立和经营应用的结合，却很少有书籍能够从财务的本质、为经营服务的角度去解读。

相信大家都知道稻盛和夫与他的经营实学，作为世界上唯一一位创建两家世界 500 强企业的企业家，稻盛先生不仅能够在经营领域中独树一帜，还精通经营中的财务方法，并且把他经营过程中归纳的经营财务方法编写出来，传递给更多的经营者，使之受益。《稻盛和夫的实学（经营会计）》很多都是我们在做财务咨询和管理咨询中常用的方法，我们在这个领域沉淀了十几年甚至几十年，是不是也可以将我们知道的这些方法加以整理归纳、传播，以让更多的企业经营管理者受益呢？尤其是一些现在正处于高速发展中的企业，由于不注重财务管理，很多在一夜之间就陷入了资金困难、财务危机的困境，让人痛惜不已。如果这些经营者多加强一下自己的财务素质与技能，加强企业的财务管理，就可能是另一种更加成功的结果了。

稻盛和夫在他的经营实学里说过，不懂财务不能成为真正的经营者，如果把经营比喻成驾驶飞机，财务数据就相当于驾驶舱仪表盘上的数字，机长相当于经营者，仪表必须把时时刻刻变化着的飞机的高度、速度、姿势、方向正确及时地告诉机长。如果没有仪表，就不知道飞机现在所在的位置，就无法驾驶。

跨国公司CEO的财务经验

随着信息化技术的飞速发展，人力资源、无形资产、数字资产、金融衍生工具等信息显得越来越重要。我国的经济持续快速发展带来了财务事业的拓展，也为财务实践和理论提供了发展余地，在全球化、信息化、数字化的变革时代，加入WTO，跨国经营趋势又在客观上为我国企业财务管理理论与实践提出了更高的要求。

跨国公司的财务角色大概有四类：第一，创造价值，协助业务部门创造价值。第二，和商业部门是非常紧密的合作伙伴关系。第三，保护价值。所谓保护价值，有点像内部审计、控制的职能，必须保护公司的价值不流失。第四，要使公司在合法、合规以及合乎道德伦理标准的范围内运作。

在经济学里有个问题，就是委托—代理的问题。如果是兄弟俩在街边开了一个小店，自己当会计，所有者就是经营者，没有代理的问题。但是一旦上市了，所有者不是经营者，而是股东，只要买了大公司的股票，就是所有者。而经营者是这家公司里的CEO、CFO，所有人和经营人分离以后，就会造成道德风险。道德风险是很难规避的，怎么规避？就需要财务。财务是一种共通的语言，让不同行业、不同公司，哪怕没有进入这家公司的人，也能用数据去说话。所以财务的界定是“翻译者”，很多时候把公司的运营翻译成大家都能理解的话。同时，这些指标怎么达到股东的期望值呢？要翻译给公司内部的人员，让他们朝着这个方向努力。这样的指标和数据必须有公正性、客观性，不同的单位、不同的行业都能够这样比，这样就诞生了财务。由于财务的真实性，不是没学过财务的人所能理解的，所以具有专业性质，学会了专业理论才能赋予财务所要执行的作用。

财务人员还要保持价值，很多情况下在公司里像一个警察，监督做法和计账方式。我们不但要审查，还要在前期提出建议，更好地规避犯错。尽到从在后期纠错、保障，发展到前期当顾问、提建议的职责。

在跨国企业，公司都有一个远景。大部分的公司如果不是一个非营利组织就是要股东权益最大化。怎么样才能做到股东权益最大化？往往需要降成本、提利润。这实际上是对股东权益最大化的一个细分。为什么？股东权益就是资产减负债，从这方面讲，要最大化地扩大资产来降低负债。同时，股东权益最大化，股东的权益又是等于每一股的股价和股票的数量，在股票数量不变的情况下，我们要提高股票单股的价格，这个单股价格怎么来控制呢？战略性的指标又会进一步细化，分成不同类别的战术性的指标，简言之都是一些财务报表。通过不断地做计划，按不同的频率做计划，而且这个计划要和每次实际运营的数据进行比较，通过这种方法来推动公司往股东想要的方向去走。同时我们还要不停地把信息告诉大家。

从股东权益最大化一直到个人的工作，是通过业绩考核完全连接起来的。整个过程实际上就是所有的指标全部是拿一个通用的财务语言说事，所以财务人员在其中的角色特别重要，主要是四个角色：协调者，监督者，更多的是翻译者，多半还是一个推动者——不停地告诉销售团队以及内部的采购团队要完成什么样的指标，如果没有完成会怎么样。

在跨国公司里怎么看财务专业人员具备的素质和能力？要有战略性的思维，要会人际交往，不但把客户作为客户群，其他的职能部门也是我们的客户群。财务本身对道德水准要求非常高，还要求创新，财务很大的职能是在公司里不断对现有的处理流程提高、优化，所以创新意识和能力是非常重要的。技术能力也非常重要，只学了财务而不懂公司的业务，会造成一个“玻璃顶”，到了一定的职位很难再发展。

跨国公司不像有“速成”的职业发展路线，工作十几年马上成为一个合伙人。在传统企业里面，甚至比较大的企业里面，财务的职业生涯路途是比较艰辛的，发展的时间比较长。在很多大公司里都有轮换制，这是为了让你在不同的部门获取不同的经验，所以很多时候会有部门间的平行调动，这是一个平移的过程，也是一个螺旋上升的过程。

经验是需要时间积累的，随着平移，你的知识、经验都在积累，各方面能力都在不断地增长。而且大公司会有很多全球化的项目，随着这种部门间的平移，你也可能会参与到全球项目发展的过程当中。当你在平移的过程当中感觉到不舒服了，是因为你遇到了一些新的东西，需要重新学习，这种冒险精神是需要提倡的。比如在摩托罗拉，各个部门的财务每年都会被要求强迫教育40个小时，如果完不成，奖金会受影响。

财务管理对经营有何用处

“管理出效益，管理也是生产力”。随着我国市场经济体制的不断完善与发展，企业必将越来越重视管理。财务管理作为企业管理的一个重要组成部分，如何在当前企业经营方式转变过程中发挥出更大的作用，如何进一步促进财务管理理论和方法的改革与发展，从而使财务管理更具有适应性和有效性，是企业管理理论与实务工作者一个共同关心的话题。要发展壮大企业，不仅需要发挥好财务管理的职能，还要发挥好企业管理各方面的管理职能，充分调动好各方面的积极性，不断增强企业的经济实力，这样企业就会在激烈的市场竞争中立于不败之地。

财务管理在企业经营中的地位与特点：

当企业规模不断扩大，经济活动日益复杂和财务风险日益加剧时，要明确认识到财务管理是企业管理的核心，加强财务管理工作才能适应新形势的需要。财务管理在企业组织机构中属于较高层次，是对企业价值的综合管理。所以说财务管理在管理控制、资源分配、业绩评价中起着核心主导作用，能够对与决策有关的诸多要素进行平衡，从而在经营决策中起到核心作用。

1. 财务管理在企业管理中处于核心地位

财务管理处于企业管理核心地位的原因主要有以下两点：其一，企业的经营活动是由购、产、供、销等几个环节组成的，财务活动贯穿于这些活动之中，是企业经营活动的基础。财务管理通过对资金供求关系的掌控，为企业的经营活动保驾护航；同时财务管理又为企业的整个经营活动提供了可供参考的资料，财务信息是各个部门相互协调一致的重要依据。其二，财务管理可以通过投资决策、筹资决策和分配决策为企业创造更多的获利机会，是企业目标实现的根本保证。

2. 企业风险决定了财务管理的重要性

风险造成收益的不确定性。由于存在各种无法预料和无法控制的因素，企业的收益往往偏离预期目标。可以说风险贯穿于企业的整个经济活动，而财务管理的风险预警能力，可以有效帮助企业预知风险，从而采取合理措施规避风险。其发挥作用的具体过程如下：财务管理可以通过财务资料的分析，建立风险预警机制，提前预知风险。当企业出现财务危机时，企业的财务风险预警机制能够提前预测，从而可以帮助企业采取合理措施规避风险，提高企业的抗风险能力。

3. 财务管理的涉及面广

首先就企业内部而言，财务管理活动涉及企业生产、供应、销售等各个环节，企业各个部门与资金不发生联系的现象是不存在的。每个部门都在合理使用资金、节约资金支出、提高资金使用率上，接受财务的指导，受到财务管理部门的监督和约束。同时，财务管理部门本身为企业生产管理、营销管理、质量管理、人力物资管理等活动提供及时、准确、完整、连续的基础资料。

其次，现代企业的财务管理也涉及企业外部的各种关系。在市场经济条件下，企业在市场上进行融资、投资以及收益分配的过程中与各种利益主体发生着千丝万缕的联系。主要包括：企业与股东之间，企业与债权人之间，企业与政府之间，企业与金融机构之间，企业与供应商之间，企业与客户之间，企业与内部职工之间，等等。

4. 财务管理的综合性强

现代企业制度下的企业管理是一个由生产管理、营销管理、质量管理、技术管理、设备管理、人事管理、财务管理、物资管理等诸多子系统构成的复杂系统。诚然，其他管理都是从某一个方面并大多采用实物计量的方法，对企业在生产经营活动中的某一个部分实施组织、协调、控制，所产生的管理效果只能对企业生产经营的局部起到制约作用，不可能对整个企业的营运实施管理。财务管理则不同，作为一种价值管理，它包括筹资管理、投资管理、权益分配管理、成本管理等，这是一项综合性强的经济管理活动。

正因为是价值管理，所以财务管理通过资金的收付及流动的价值形态，可以及时全面地反映商品物资运行状况，并可以通过价值管理形态进行商品管理。也就是说，财务管理渗透在全部经营活动之中，涉及生产、供应、销售每个环节和人、财、物各个要素，所以抓企业内部管理需要以财务管理为突破口，通过价值管理来协调、促进、控制企业的生产经营活动。

5. 财务管理的灵敏度高

在现代企业制度下，企业成为面向市场的独立法人实体和市场竞争主体。企业经营管理目标为经济效益最大化，这是现代企业制度要求投入资本实现保值增值所决定的，也是社会主义现代化建设的根本要求所决定的。因为，企业要想生存，必须能以收抵支、到期偿债。企业要发展，必须扩大收入。收入增加意味着人、财、物相应增加，都将以资金流动的形式在企业财务上得到全面的反映，并对财务指标的完成发生重大影响。因此，财务管理是一切管理的基础、管理的中心。

财务思维如何体现和运用

作为财务负责人，在新的经济形势下，改变自身固有的思维模式、方法和思维习惯，构建一套全新的，适应社会经济发展，尤其是企业阶段发展的开放式的财务管理思维体系对于企业的发展而言显得十分迫切和重要。以下通过对国家近年来发布的一系列有关财务方面重要的法律、法规所具有的背景性、抽象性、职业判断性及执行花费成本性、严肃性等特性的阐释，以及企业财务与复杂经济生活的关联度和财务管理的目标等方面来说明财务负责人全面构建规则性管控思维体系的重要性。

首先我们来看一下财务管理与会计的区别，见下表：

表 1–1 财务管理与会计的区别

职能 / 项目类别	会计	财务
性质	价值信息系统	本金投入收益活动
地位	附体，基础性地位，通过提供财务信息为财务管理和其他各项管理服务	实体，主导地位，企业各项管理都要围绕价值最大化和本金扩张的财务目标去进行
范围	涵盖信息系统的全过程，包括会计信息输入、储存转换、输出、控制、反馈等内容	涵盖本金投入与收益的全过程，包括筹资、投资、耗资、收入、分配等
分类	包括财务会计（对外报告）和管理会计（对内报告）	包括出资人财务和经营者财务
目的	出一本真账	企业股东权益的最大化和企业价值最大化
结论	·合法性 ·公允性 ·一贯性 相对来讲是“死”的	·恰当 ·合理 ·较佳 相对来讲是“活”的

虽然“财务”实际上是个包含许多不同实际岗位的泛指，但人们还是能描述出财务思维的大致特点：关注数据、要求精确、不允许失误。但是，这种过于循规蹈矩、厌恶风险的思维模式在某些方面对于企业管理来说也很致命。

不过生活中的财务人士往往是过日子的能手——有极强的风险意识、做事讲究流程有条理、要求精确——或许在某些人眼里是药不能停的强迫症患者？

1. 财务思维，就是细节决定成败

作为调配、核查企业内资金来龙去脉的专业人士，财务人员对数据是否准确无误有近乎本能的敏感。曾有人这样说："关注数据，因为财务工作很多时候总是用数据说话；要求准确，因为数据是确定的东西，除非分析和评估，绝大多数时候财务数据应该是准确的；面对数据和报告，总要检查一下数据的准确性和逻辑性是否相符，否则总觉得不踏实。"

有人指出，对数据的极度关注使财务人员往往能迅速判断出数据的合理性："比如一家服装销售店面的年营业额，除以365得到日营业额，再除以衣服均价（在商场逛一圈大约可以了解一下价格水平），得到每日销售的衣服件数，再除以每日营业小时数，可以大致了解一个小时能卖出多少件，如果在店里的这一个小时进行观察，就可以看出是否基本达到这个销售水平。如果一个店面门可罗雀，却有特别漂亮的销售数字，就很值得警惕。"

2. 财务思维的缺点是缺乏全局意识

注重成本管理、对数据一丝不苟、有极强的风险意识也是财务思维的一把"双刃剑"。马云就曾经在一期电视节目中说过："天不怕，地不怕，就怕CFO当CEO。"（不过阿里巴巴的原CFO张勇还是出任了CEO……）

某领导觉得，财务人员求稳、怕风险、保守、讲证据、讲流程的特点使他往往不具备锐意进取的大胆作风，对于企业来说，"打天下靠销售，守天下靠财务"。

大多数财务管理人员认为，过于依赖数据来做决策的财务人员很难成为战略大师："很多事情无法在当期看到效益，任何金融财务模型都无法说服自己决策的情况下，财务人员就凌乱了。"

财务人员过于循规蹈矩的特点让他们的应变能力很差，因此不适合做公关和销售工作。

财务人员的弊端是不了解业务前端，缺乏全局意识。拿生产型的企业来说，财务部门掌握采购、库存、销售、返修、退货等所有业务环节的数据，但这些数据只反映结果，因为不直接接触市场客户，“这导致他们不如销售人员那样清楚自己产品的优缺点；不如市场人员了解可替代产品有哪些，竞争对手的发力方向；不如生产技术人员了解如何在保证产品质量的同时节约成本；不如售后部门了解客户有哪些意见和改进要求”。

针对财务人员缺乏全局意识的问题，资深财务专家提出的建议值得每一个财务人员借鉴：“财务人员既然已经不叫会计了，就不要拘泥于做账理发票了，而要提高自己看待业务的高度，看待公司的高度，和看待资本的高度。”

这些财务、税务名词不可不知

一个懂财务的管理者，一定会比不懂财务的管理者高一个层次，有更高的判断能力。对于很多企业来讲，无法测量就无法管理，依靠感觉来管理，往往会做出错误的决定。

那财务和税务的一些名词，你又知道多少?

常见的财务、税务名词有：资产、负债、权益、收入、成本、利润、毛利、纯利、净利、经营现金流、资金现金流、筹资现金流、应收、应付、往来、坏账、收付实现制、权责发生制、流转税、普通发票、专用发票、企业所得税、个人所得税等。

1. 毛利、纯利和净利

毛利指收入减去成本。比如，一台笔记本，主机、屏幕、键盘加起来是 6000 元，这台笔记本卖了 10000 元，那么毛利就是 4000 元，毛利率是 40%。这样计算很简单，在财务表上一眼就能看出来。

纯利和净利的含义是一样的，有一些更专业的名词叫“税后利润”“息税后利润”，意思是指支付所得税之后的利润，或者是指支付完成所得税和利息后的利润。

2. 资产应该怎样来解释

资产的含义：包括三点，企业过去的交易或者事项形成的，由企业拥有或控制的，预期会给企业带来经济利益的资源。

更简单点来说，以前买的，现在归我的，能赚钱的东西。这个东西可以不是我买的，但是归我控制，那也是我的资产，例如融资租赁的资产。从另一个角度上讲，如某资产给了别人，虽然是我买的，但被别人融资租赁了，那资产就不应在我的报表上，而应在别人的报表上，是别人的资产，被别人控制。

控制在财务中是一个非常重要的名词，很多时候，它的重要性超过了拥有。

3. 负债的解释

负债，简单点说，就是我欠的，要还的；我买的，还没有给钱的。购买的原材料，还没有给供应商付款，这就是我的负债。从银行借的钱，也是我的负债。

4. 收付实现制、权责发生制

收付实现制，就是以我收到钱的时刻起，算我的收入；以我付出钱的时刻起，算我的成本。会计以前通常都是这样来说的，但现在各国已经不这样做，而是改成权责发生制。

就是说，我把东西卖给别人，权利、义务转移了，不管钱有没有收到，都算我的收入。同时，我买进的原材料，不管我有没有付钱，只要权利、义务转移给我，就算我的存货。

5. 流转税解释

在我国，流转税是一个大税种，通常指增值税、营业税。

目前，中国正在进行“营改增”，就是营业税改成增值税，营业税在大量减少，增值税在不断增加。增值税，简单来说，就是增值的部门需要交税。中国的货物流转，增值税为17%。我们以笔记本电脑为例说明：中间商在买进笔记本电脑时，价格5000元，在卖出时，售价7000元，那么相差的这两千元是增值部分，需要纳税。

中国需要把所有的流转税往增值税上偏，以减少营业税，在税务的说法中，营业税叫价内税，增值税叫价外税。

而营改增的目的就是要简化税收结构和规范企业的财务管理，真实地降低企业税负，减少企业税务负担。

6. 发票有什么需要注意的事项吗

营改增后，以前大量的营业税发票都改成了增值税发票，一般情况下，增值税发票又分为普通发票和专用发票两种。针对增值税来说，除了专用发票以外，其他任何发票都是不可抵扣的。

这一点很容易被忽视，对于供应商来说，在哪里开发票，开增值税专用发票，还是开增值税普通发票，供应商自身的税负都是没有任何变化的。

7. 去税务代开发票是一个很好的方式吗

对于供应商来说，如果他只是一个销售人员，根本不懂这方面的知识，又或者是怕麻烦，可能会说：我们财务说，这个根本开不了。这时，你可以和对方说：这是可以开的，中国税务部门都是有代开专用发票的服务的，只是稍微麻烦一些。对于他来说，可能会麻烦一点，但对于你的企业来说，会真金白银地节省下来3%。

8. 除了流转税，还有什么其他的重要税种

还有两种税，是企业所得税和个人所得税。

企业所得税，简单来说就是企业盈利后应该缴纳的所得部分的税，通过看企业的财务报表就可以知道。个人所得税，就是个人应该缴纳的薪酬、劳务等收入所得部分的税。对工薪阶层来说，月薪超出3500元的那部分个人所得就要缴税。

总的来说，与一般企业息息相关的四大税种就是增值税、营业税、企业所得税和个人所得税。

企业不同发展阶段的财务需求

1. 作坊阶段

这一阶段，企业基本不需要财务，用笔记本自行记录就可以，像一些摆地摊的小贩，就是采用的这种方式。

很多企业在发展之初，一般都不会成立公司，更多的是以个

体户的形式存在，甚至根本没有个体经营资质，不过它也属于一个经营主体。

从经营管理的角度讲，这些小经营主体也需要经营和管理，但是财务管理的需求很低。这个阶段，企业的收益少，环节少，在财务上基本采用收付实现制，所以相对来说，财务管理也比较简单。

2. 初期阶段

当这些小经营主体发展到一定程度时，如成立一个公司，或者成为一个需要独立报税的公司（企业），这时，就需要在财务管理上增加一些有技术含量的工作，也就是报税。

在中国，报税称为“核定增收”或“查账增收”，要求记账，简单来说，就是收入减成本，得出一个数，然后以此来计算所得税的税额。

“核定增收”，就是不管企业实际赚了多少钱，就认为某个百分点是企业的利益所得，假设这个百分点是8%的话，那么就认为企业收入的8%是企业的利益所得，也就是企业赚的钱，而8%乘以税率就是企业需要交的税。

目前，在比较大的城市中，这种模式采用得已经比较少了，但对于小城市的税务管理来说，由于这种管理方式简单，不用去查账，只要知道企业的收入是多少就可以，因此小城市的大量企业，还是采用“核定增收”的方式。这一阶段通常属于初期阶段。

3. 成长阶段

这个阶段比较注重核算，对财务管理的要求有大幅提高，是需要通过数据分析来谋求发展的阶段。

大部分企业在走出最初的发展阶段后，马上会进入跨越期，这个阶段基本上是快速成长阶段。

这个阶段的管理压力、经营压力和承载压力都非常大，此时，如果没有财务数据等好的模式来支持，企业很可能会走下坡路。

因此，这个阶段通常是最需要财务管理的阶段，非常需要核心管理团队来提升企业的管理能力，增强企业应对风险的能力。如果这个阶段管理跟不上、资金跟不上，往往会导致创业失败。

如何使企业的财务管理利益最大化

市场经济越发展，财务管理越重要。企业在经营过程中会进行各种投资活动，只有保证良好的投资效益，才能确保企业资金链的良好运转，进而增加收入，提升企业竞争力。财务管理在企业投资的过程中，如何实现企业经济效益最大化？财务管理制度要如何完善？

1. 财务管理如何实现效益最大化

企业追求经济效益最大化，以最低的成本获得最大的利益。那么，财务管理制度的完善是如何使企业经济效益得到最大化的呢？

第一，提高企业资金使用率，充分发挥资金的调动作用。企业必须把有限的资金合理分配、使用，有效实行财务统一管理，资金统一安排，严格用款计划，模拟国家银行的控制、监督、结算等职能，按价值规律的客观要求，加强资金的核算和管理，使资金发挥最佳效用。

第二，加强资金回笼。企业在经营业务的过程中，应及时回笼资金，对应收账款及其他应付款的管理，要采取集中与分散相结合的办法——对长期拖欠用户及相关欠款单位，应采取积极的催讨措施，并建立相关催讨方案，严禁资金流失。对清欠工作困难的，可采取实物抵债法或多家抹账方式解脱债务链途径，必要时可以通过诉讼程序挽回损失。制定一套清欠工作奖励制度，提高业务人员的工作积极性，使其应收账款恢复流动性，使公司的资金得到更好的投资。

第三，加强资金及相关生产资料管理。作为财务部门应熟悉企业的整个生产流程及相关步骤，对于生产性企业应该知道材料价格的走势，在购置材料时控制用量和存量比例，降低采购费用，在保证质量的同时，进行招标制方式采购。同时，用相关制度约束生产行为，保证生产工作顺利进行；要会同技术部门进行技术改造，降低原材料及成本的损耗，减少库存和库品的损失，减少或避免资金的积压和浪费；对于成品成本资金加强管理，制定一个标准，如超过这一标准，及时分析原因，寻求处理的办法并采取相应的措施，从而增加投资的收入。企业在进行成本控制的同时还必须兼顾产品的不断创新，特别要保证和提高产品的质量，绝不能片面地为了降低成本而忽略产品的品种和质量，更不能为了片面追求眼前利益，采取偷工减料或粗制滥造等歪门邪道来降低成本。

第四，合理调整资金结构。根据标准财务比率和国际上用来测算工业化企业债务与资金合理比率的经验，自有资本占50%~60%，负债占40%~50%，是比较合理的，采取积极措施将资产负债率控制在60%以内，是财务部门管理资金的一个重要任务。要实现这一目标，企业应在不影响正常生产经营的情况下减少库存量，尽量少占用流动资金是解决问题的关键所在。

第五，利用有限的资金办更多的事，促使资金良性循环。企业要不断地提高自身“造血”功能，千方百计开辟新的筹资渠道，逐步提高创收水平，寻求企业自我发展的道路。在生产过程中用有限的资金办更多的事，使运转资金良性循环，利用有限的资金发挥最大的经济效益；要更新财务观念，将突出效益、量力而行、勤俭节约的原则体现到各种决策、计划、方案和财务指标中，落实到行动上。

2. 如何完善财务管理制度

其实，建立完善的企业管理制度在企业中的作用和意义毋庸置疑，而财务管理制度则更是实现上述基本目标的根本保障。那么，该如何完善财务管理制度呢？

第一，转变财务管理观念，把好企业投资决策关。决策是企业管理中一项最为重要的工作。决策是有成本的，这一点容易被人忽视。例如一个正确的决策能为企业盈利100万元，如果做出一个错误的决策，不仅没有赚到100万元，反而亏损了50万元，那么，这个错误的决策成本就是150万元。因此，决策必须讲成本控制。投资决策是企业所有决策中最为关键、最为重要的，一个重要的投资决策失误往往会使一个企业陷入困境，甚至破产。

企业的财务管理者在考虑投资时必须注意以下几个方面：首先，财务管理者要为企业把好经济决策关。作为管理者必须明确投资是一项经济行为。错误的投资决策中，很多失误的原因就是投资决策者没有从经济规律本身去决策，而是人为因素轻率地做出决策导致的。其次，财务管理要为企业把好投资管理程序关，做到投资决策科学化与民主化。不同种类的投资有不同的管理程序，需经不同的部门审批。最后，财务管理要为企业把好成本控制、风险与收益关。投资的目的是要有回报和效益，因此必须实行投资成本控制，要有风险意识，尽力规避风险。

第二，坚持稳健原则，防范财务风险。风险与收益是双生子，没有任何项目是零风险的。企业应建立风险防范与控制机制，定期撰写投资分析报告，进行风险警示和评价。投资项目之前，充分进行风险评估，做好风险控制方案，以确保预期的投资收益。管理者要明确要求财务管理人员对企业的资产销售率、资产收益率、已获利息倍数、现金流入比率等敏感的财务指标进行监控，重点分析企业的资产、现金、投资、利润、费用、营销等情况，按需进行同比和环比分析，制定相应的措施和方案，确保企业的投资效益，以实现经济效益最大化的目标。

【案例解读】某公司资产构造平衡

一丁集团破产了。

这家曾获得“中国连锁百强企业”“中国软件百强企业”称号的公司在毫无征兆的情况下宣布破产，一时让人难以接受。一家曾经被当作成功案例写进教科书的企业，在短短三年的时间里将十余年的积淀消耗殆尽，只留下一个令世人唏嘘的结局。

一丁集团最早是从组装电脑起家，后来作为多家手机厂商的销售代理而发展起来。时至今日，一丁集团版图中真正被放到战略地位重视起来的业务只有一丁网和一丁芯智能。前者跟随了2015年最火的O2O概念，后者则是创始人吴建荣对三年后“物联网”时代到来的提前布局。共同点是，不管哪一样，都是烧钱的无底洞。

一丁网是一丁集团布局O2O的产物。一丁网包括一丁到家、创客空间、全球购、智能生活四块核心业务，主要为个人、家庭、商户、企业提供IT技术服务。2015年9月19日，一丁网上线试运营；11月1日，一丁网正式上线，并宣布获得兴业创新资本数千万元的投资意向书，意图打造国内领先的IT服务O2O平台。

2015年9月，一丁芯智能与国美智能家居达成战略合作，开发超级APP实现与智能家居终端产品的互联互通，推动物联网的发展。与此同时，一丁集团斥巨资在全国十几个城市落地EAsmart智能生活馆，打造高端智能家居品牌，布局线下体验店。

但所有的一切都停在了11月30日这一天，那些过往的荣誉、成绩变成今天的一笔笔难以承受的账单。我们不禁要反思，到底什么才是一个企业的成功？到底如何才能把一个企业做得长久？

反思一：快速布局or稳扎稳打，哪一个才是正确的姿势？

一般来讲，互联网行业发展速度是其他行业的三倍，因此互联网公司大都信奉“唯快不破”的道理。一丁集团曾在办公区打出标语，要做“全宇宙最牛B的互联网公司”。其近年来的发展路径也像极了互联网公司的打法：融资、做数据、谈未来、再融资……如此往复。企业发展速度看似走上了快车道，但是越来越大的资金流动和并无盈利能力的业务使得公司发展进入恶性循环之中。

近期纷纷跻身“独角兽”行列的“互联网+”类的公司也遇到了相似的困境。快速发展的背后是虚高的估值，一旦后续资金跟不上，整个多米诺骨牌将倒下。在整个行业都相对疯狂的时候，稳步向前或许是一个明智的选择。毕竟，我们都不想看到一个昙花一现的企业，走到最后的才是赢家。面对一丁的失败，吴建荣也反思了三点：第一，永远不要跟银行借钱；第二，永远不要向民间借贷；第三，量力而行。

反思二：“大布局、大故事”带来的高估值能持续多久?

疯狂布局的吴建荣曾无奈地表示，“只有大的布局才能讲出大的故事，才有背后的投资方支持体系的运转”。不可否认，“讲故事”是创业者必备的技能之一。若能把故事讲得足够的热血、性感，让投资人脑洞大开、神魂颠倒，那更是成功了大半。但现如今，面对众多“讲情怀，谈理想，大布局”的公司，投资人的“想象力”已经被透支。换句话说，请来点实际的。

一般来说，互联网行业常用的估值方法有P/E、P/S、P/GMV、P/MAU等。在过去的近三年时间里，互联网行业一直处在上升阶段，因此很多并没有净利润的公司获得了多轮次的高额融资。投资人的如意算盘是，就算这家公司没有盈利，总还有收入；如果没有收入，总还有用户数。大量用户数最终会顺利转化成收入，进而转换成利润。但现实给了这个逻辑一记响亮的耳光。几轮投资下来，项目往往血本无归，所谓的高估值也如空中楼阁，企业光环尽失。

对此，林德志在公开信中写道：“表面光鲜的‘双百强’企业掌门人，其实是一个随时可能进监狱的‘负翁’。这是他的不幸，也是所有靠烧钱维持运转的O2O企业需要思考的问题：究竟是先把规模做大，还是先把盈利问题解决好？潮水退去，终会知道谁在裸泳。”

反思三：创始人在各方力量博弈时要做好平衡，把控节奏。

从某个方面来说，创始人是最伟大的艺术家，他们需要平衡各方力量，掌控公司整体的运行节奏。对于企业来说，投资人在希望企业能有长期发展的同时希望尽快实现变现；竞争对手则争相打“价格战”，在争夺市场的同时，争夺用户入口；瞬息万变的市场环境和可能的政策环境变动也都需要企业把握风向，顺势而为；公司员工则希望工作环境稳定舒适。创始人不应只看一方的利益，而是在这当中找到一种性价比最高的方法，满足各方的需求。

此外，创始人的野心也是很重要的因素，要“量力而行”。而吴建荣在做一丁网的时候，“意图打造一个包罗未来物联网社会所有方面的网站，要做中国最大最专业的IT技术上门O2O，提前三年布局，为传说中2018年会全面到来的物联网社会做准备”。这实际上已经超出了一丁集团所能布局的范围。

一丁集团破产的背后是凌厉的寒冬作祟。创业者想要在这一轮寒冬中独善其身，必然需要比以往更加准确的趋势判断、更加精细化的运作方式和一颗更为强大的内心。

2

|第二章|

F I N A N C E

会看财务报表才能更好经营

财务报表分析是一门“艺术”，背后隐藏着企业的玄机。

财务报表是企业所有经济活动的综合反映，提供了企业管理层决策所需要的信息。认真解读与分析财务报表，能帮助我们剔除财务报表的“粉饰”，公允地评估企业的决策绩效。

看报表先会看数字

财务报表分析是一门“艺术”，背后隐藏着企业的玄机。

财务报表是企业所有经济活动的综合反映，提供了企业管理层决策所需要的信息。认真解读与分析财务报表，能帮助我们剔除财务报表的“粉饰”，公允地评估企业的决策绩效。

要读懂财务报表，除了要有基本的财务会计知识外，还应掌握以下方面以看清隐藏在财务报表背后的企业玄机。

1. 浏览报表，探测企业是否有重大的财务问题

拿到企业的报表，首先不是做一些复杂的比率计算或统计分析，而是通读三张报表，即利润表、资产负债表和现金流量表，看看是否有异常科目或异常金额的科目，或从表中不同科目金额的分布来看是否异常。

比如，在国内会计实务中，“应收、应付是个筐，什么东西都可以往里装”。其他应收款过大往往意味着本企业的资金被其他企业或人占用、甚至长期占用，这种占用要么可能不计利息，要么可能变为坏账。

在分析和评价中应剔除应收款可能变为坏账的部分并将其反映为当期的坏账费用以调低利润。

2. 研究企业财务指标的历史长期趋势，以辨别有无问题

一家连续盈利的公司业绩一般来讲要比一家前3年亏损、本期却盈利丰厚的企业业绩来得可靠。

我们对国内上市公司的研究表明：一家上市公司的业绩必须看满5年以上才基本上能看清楚，如果以股东权益报酬率作为绩效指标来考核上市公司，那么会出现一个规律，即上市公司上市当年的该项指标相对于其上市前3年的平均水平下跌50%以上，以后的年份再也不可能恢复到上市前的水平。解释只有一个：企业上市前的报表“包装”得太厉害。

3. 比较企业的利润水平是否与其现金流量水平一致

有些企业在利润表上反映了很高的经营利润水平，而在其经营活动产生的现金流量方面却表现贫乏，那么我们就应提出这样的问题：“利润为什么没有转化为现金？利润的质量是否有问题？”银广夏在其被曝光前一年的盈利能力远远超过同业的平均水平，但是其经营活动产生的现金流量净额却相对于经营利润水平贫乏，事后证明该公司系以其在天津的全资进出口子公司虚做海关报关单，然后在会计上虚增应收账款和销售收入的方式吹起利润的“气球”。而这些子虚乌有的所谓应收账款是永远不可能转化为经营的现金的，这也就难怪其经营活动产生的现金流量如此贫乏。

4. 将企业与同业比较

将企业的业绩与同行业指标的标准进行比较也许会给我们带来更深阔的企业画面。一家企业与自己比较也许进步已经相当快了，比如销售增长了20%，但是放在整个行业的水平上来看，可能就会得出不同的结论：如果行业平均的销售增长水平是50%，那么低于此速度的、跑得慢的企业最终将败给自己的竞争对手。

从CFO的另类诠释了解三表关系

财务三表，一般是指资产负债表、利润表和现金流量表，财务三表的编制不是凭空编制的，应该按会计原理和《企业会计准则》的要求，按照相关会计科目设置会计账簿，核算企业每笔业务，然后结出各会计科目余额和发生额，再根据各科目余额、发生额及现金日记账明细分析现金流量项目，最后编制财务三表。

1. 三个表的概述

（1）资产负债表。

反映资产状况、穷富状况。时点对这张报表的影响很大，这张报表，最重要的一个钩稽关系就是“资产=负债+权益”。

我现在拥有的一切，不外乎来源于两个方面，一个是本来就是自己的，另一个就是借来的。自己有的，再加上借来的，当然就是我现在拥有的一切。在会计上：目前我拥有的一切，就叫资产；而借来的钱，就是负债；自己的，就叫权益。这就是资产负债表最重要的内部钩稽关系。

表2–1 资产负债表

编制单位：　　　　　　年　月　日　　　　　　单位：元

资产	期末余额	年初余额	负债和所有者权益（或股东权益）	期末余额	年初余额
流动资产			流动负债		
货币资金			短期借款		
交易性金融资产			交易性金融负债		
应收票据			应付票据		
应收账款			应付账款		

（续表）

资产	期末余额	年初余额	负债和所有者权益（或股东权益）	期末余额	年初余额
预付款项			预收款项		
应收利息			应付职工薪酬		
应收股利			应交税费		
其他应收款			应付利息		
存货			应付股利		
一年内到期的非流动资产			其他应付款		
其他流动资产			一年内到期的非流动负债		
流动资产合计			其他流动负债		
非流动资产			流动负债合计		
可供出售金融资产			非流动负债		
持有至到期投资			长期借款		
长期应收款			应付债券		
长期股权投资			长期应付款		
投资性房地产			专项应付款		
固定资产			预计负债		
在建工程			递延所得税负债		
工程物资			其他非流动负债		
固定资产清理			非流动负债合计		
生产性生物资产			负债合计		
油气资产			所有者权益（或股东权益）		
无形资产			实收资本（或股本）		
开发支出			资本公积		
商誉			减：库存股		

（续表）

资产	期末余额	年初余额	负债和所有者权益（或股东权益）	期末余额	年初余额
长期待摊费用			盈余公积		
递延所得税资产			未分配利润		
其他非流动资产			所有者权益（或股东权益）合计		
非流动资产合计					
资产总计			负债和所有者权益（或股东权益）总计		

（2）利润表或损益表。

反映赚钱的能力。这张报表关键的一点，就是看这段时间有多长，一般是一个月、一个季度或一年的时间。在这张表里，最重要的一个钩稽关系就是“收入－成本费用＝利润”。

表 2-2 利润表

编制单位：××有限公司　　20××年×月　　单位：元

项目	本期金额	本年累计金额
一、营业收入		
减：营业成本		
营业税金及附加		
销售费用		
管理费用		
财务费用		
资产减值损失		
加：公允价值变动收益（损失以“－”号填列）		
投资收益（损失以“－”号填列）		
其中：对联营企业和合营企业的投资收益		
二、营业利润（亏损以“－”号填列）		
加：营业外收入		
减：营业外支出		
其中：非流动资产处置损失		

（续表）

项目	本期金额	本年累计金额
三、利润总额（亏损总额以“–”号填列）		
减：所得税费用		
四、净利润（净亏损以“–”号填列）		
五、每股收益：		
（一）基本每股收益		
（二）稀释每股收益		

这张表用来解释企业利润如何产生，以权责发生制原则为编报基础。这张表记载企业一定时期内收入成本费用和非经营性的损益，从中可以看出企业产生的净利润（或净亏损）。

（3）现金流量表。

反映立即支付的能力，盈利的质量，生存能力。这张报表的关键要看这段时间有多长了，这一点同利润表一样。这张报表主要是告诉我们，在一段时间里，这个公司收进了多少现金，付出了多少现金，还余下多少现金在银行里。在这张表里，最重要的一个钩稽关系就是“流入的现金–流出的现金=余下的现金”。现金是企业的血液，它贯穿企业经营的全过程。这张表是以收付实现制作为编报原则的。资产负债表和利润表是按照权责发生制来完成的。见下表：

表 2–3 现金流量表

编制单位：　　　　　年　月　　　　　　单位：元

项目	本期金额
一、经营活动产生的现金流量：	
销售商品、提供劳务收到的现金	
收到的税费返还	
收到其他与经营活动有关的现金	
经营活动现金流入小计	
购买商品、接受劳务支付的现金	

（续表）

项目	本期金额
支付给职工以及为职工支付的现金	
支付的各项税费	
支付其他与经营活动有关的现金	
经营活动现金流出小计	
经营活动产生的现金流量净额	
二、投资活动产生的现金流量：	
收回投资收到的现金	
取得投资收益收到的现金	
处置固定资产、无形资产和其他长期资产收回的现金净额	
处置子公司及其他营业单位收到的现金净额	
收到其他与投资活动有关的现金	
投资活动现金流入小计	
购建固定资产、无形资产和其他长期资产支付的现金	
投资支付的现金	
取得子公司及其他营业单位支付的现金净额	
支付其他与投资活动有关的现金	
投资活动现金流出小计	
投资活动产生的现金流量净额	
三、筹资活动产生的现金流量：	
吸收投资收到的现金	
取得借款收到的现金	
收到其他与筹资活动有关的现金	
筹资活动现金流入小计	
偿还债务支付的现金	
分配股利、利润或偿付利息支付的现金	
支付其他与筹资活动有关的现金	
筹资活动现金流出小计	
筹资活动产生的现金流量净额	
四、汇率变动对现金及现金等价物的净增加额	
五、现金及现金等价物净增加额	
加：期初现金及现金等价物余额	
六、期末现金及现金等价物余额	

2. 三个表的内在关系

（1）资产负债表同损益表的表间关系。

①损益表中的未分配利润数+资产负债表中的期初数=资产负债表中期末的未分配利润。

资产负债表中未分配利润≠损益表的净利润。净利润弥补完亏损、提取完公积金、分配完该分配的利润才是未分配利润。关注净利润后边的利润分配事项。

②资产负债表中的短期借款和损益表中的财务费用有一定的对应关系（借款和财务费用是否匹配）。

在审查财务报表时：年末未分配利润加上本年净利润如没有分配，应该等于期末未分配利润；审查财务费用和短期借款长期借款数额比较是否合理，一对比便可知财务报表的真假。

（2）资产负债表同现金流量表之间的关系。

主要是资产负债表中的货币资金期末数减去期初数，应该等于现金流量表最后的现金及现金等价物净增加额。

实实在在的票子和放在银行里的银行存款，是广义上的现金。而现金等价物是可以随时随地变成现金，就是可以把这些东西当成现金来看待的，主要包括短期投资，以及可以马上变现的长期投资等。因为它们可以马上在交易市场上卖了，换回现金，除了可以从交易市场上换回现金外，几乎还可以直接作为支付手段，支付给客户。因此，在现实运作中，可以将这些东西，看成与现金一样，在会计上，就叫现金等价物。

（3）损益表与现金流量表之间的关系。

相同之处就是，它们都是时期报表，就是反映一段时期内的一些活动情况，一个是反映一段时期内的利润情况，一个是反映一段时期内的现金流量情况。

所谓不同之处就是，现金流量表是按收付实现制来编制的，而资产负债表、损益表都是按权责发生制编制的。这样收入费用发生于现金收支之间就产生了一个重要的时间差。所以净利润只是潜在的现金，而经营性现金净流量是企业经营过程中实际发生的现金净流入或净流出。

中高层如何通过报表进行管理

为了能够正确揭示各种会计数据之间存在着的重要关系，全面反映企业经营业绩和财务状况，可将财务报表分析技巧概括为以下四类：横向分析，纵向分析，趋势百分率分析，财务比率分析。

1. 财务报表分析技巧之一：横向分析

横向分析的前提，就是采用前后期对比的方式编制比较会计报表，即将企业连续几年的会计报表数据并行排列在一起，设置“绝对金额增减”和“百分率增减”两栏，以揭示各个会计项目在比较期内所发生的绝对金额和百分率的增减变化情况。

2. 财务报表分析技巧之二：纵向分析

横向分析实际上是对不同年度的会计报表中的相同项目进行比较分析；而纵向分析则是相同年度会计报表各项目之间的比率分析。纵向分析也有个前提，那就是必须采用“可比性”形式编制财务报表，即将会计报表中的某一重要项目（如资产总额或销售收入）的数据作为100%，然后将会计报表中其他项目的余额都以这个重要项目的百分率的形式作纵向排列，从而揭示出会计报表中各个项目的数据在企业财务报表中的相对意义。采用这种形式编制的财务报表使得在几家规模不同的企业之间进行经营和财务状况的比较成为可能。由于各个报表项目的余额都转化为百分率，即使是在企业规模相差悬殊的情况下各报表项目之间仍然具有“可比性”。但是，要在不同企业之间进行比较必须有一定的前提条件，那就是几家企业都必须属于同一行业，并且所采用的会计核算方法和财务报表编制程序必须大致相同。

3. 财务报表分析技巧之三：趋势百分率分析

趋势分析看上去也是一种横向百分率分析，但不同于横向分析中对增减情况百分率的提示。横向分析是采用环比的方式进行比较，而趋势分析则是采用定基的方式，即将连续几年财务报表中的某些重要项目的数据集中在一起，同期年的相应数据作百分率的比较。这种分析方法对于提示企业在若干年内经营活动和财务状况的变化趋势相当有用。趋势分析首先必须选定某一会计年度为基年，然后设基年会计报表中若干重要项目的余额为100%，再将以后各年度的会计报表中相同项目的数据按基年项目数的百分率来列示。

4. 财务报表分析技巧之四：财务比率分析

财务比率分析是财务报表分析的重中之重。财务比率分析是将两个有关的会计数据相除，用所求得的财务比率来提示同一会计报表中不同项目之间或不同会计报表的相关项目之间所存在逻辑关系的一种分析技巧。然而，单单是计算各种财务比率的作用是非常有限的，更重要的是应将计算出来的财务比率作各种维度的比较分析，以帮助会计报表使用者正确评估企业的经营业绩和财务状况，以便及时调整投资结构和经营决策。

财务比率分析有一个显著的特点，那就是使各个不同规模的企业的财务数据所传递的经济信息标准化。正是由于这一特点，使得各企业间的横向比较及行业标准的比较成为可能。

举例来说，IBM（国际商业机器公司）和苹果公司都是美国生产和销售计算机的著名企业。从这两家公司会计报表中的销售和利润情况来看，IBM要高出苹果公司许多倍。然而，光是笼统地进行总额的比较并无多大意义，因为IBM的资产总额要远远大于后者。所以，分析时绝对数的比较应让位于相对数的比较，而财务比率分析就是一种相对关系的分析技巧，它可以被用作评估和比较两家规模相差悬殊的企业经营和财务状况的有效工具。

怎样快速、简单地分析财务报表

财务报表分析包括企业财务结构分析、企业偿债能力分析、企业盈利能力分析、企业营运能力分析、企业发展趋势分析以及财务报表综合分析。

1. 企业财务结构分析

企业的财务结构，指企业全部的资金来源中负债和所有者权益二者各占的比重及其比例关系，有时还包括各类资产的构成。财务结构分析是指对企业的资产、负债、所有者权益三者之间的比例关系进行分析。

财务报表分析首先要对企业的财务结构进行分析，从总体上了解和评价企业的财务结构是否健全，资源配置是否合理，财务实力及其安全性、平衡性的高低，企业偿债能力的大小和强弱等。

如果企业的财务结构比较健全，则必然拥有雄厚的实力，能够承担经营或财务上的风险，并能够应付来自外界的冲击。

分析企业的财务结构，就是要通过各项比率之间的关系，了解其财务结构是否健全，衡量企业承担风险的能力，并通过对各项指标的分析，结合企业的实际情况，确定最佳的财务结构。这种分析不仅对企业管理者加强经营控制，实现财务状况的良性循环具有辅助决策作用，而且对使用者搞好企业的其他有关信息预测分析，进行经营决策具有非常重要的意义。

2. 企业偿债能力分析

偿债能力是现代企业财务能力体系的重要组成部分，是企业财务能力的基本反映。企业偿债能力的分析具有十分重要的意义。对企业内部而言，通过测定企业偿债能力，有利于企业科学合理地进行筹资决策和投资决策；从企业外部来看，债权人最关心的是企业偿债能力的强弱，因为这是他们的投资能否如期收回的主要依据。偿债能力分析是指企业偿还所欠债权人债务的能力分析，包括短期偿债能力分析和长期偿债能力分析两个方面。

短期偿债能力指企业在短期债务到期时可以以现金偿还负债的能力。短期偿债能力体现在企业流动资产与流动负债的对比中，反映企业流动资产对偿付流动负债的保证程度。只有科学地揭示流动资产与流动负债之间的内在联系及数量关系，掌握其变化规律，才能正确地评估企业的短期偿债能力，从而有效地发挥企业短期偿债能力的作用。由于流动资产和流动负债是短期偿债能力分析中的两个基本要素，因此将流动资产与流动负债进行对比，可以大致反映企业的短期偿债能力。采用的指标主要有营运资金、流动比率、速动比率等。

偿债能力分析还包括长期偿债能力的分析。由于企业对一笔长期债务总是负有两种责任：一种是偿还债务本金的责任；另一种是支付债务利息的责任。因此，分析一个企业的长期偿债能力，主要是为了确定该企业偿还债务本金与支付债务利息的能力。分析企业长期偿债能力有两个方面：一是分析利润表反映的长期债务偿还能力；二是分析资产负债表反映的长期债务偿还能力。这两方面都应结合企业的获利能力和资产结构一起分析，从而正确评价企业的长期偿债能力。

3. 企业盈利能力分析

盈利能力是指企业在一定时期内赚取利润的能力。不论投资者、债权人还是企业管理者，都非常关心企业的盈利能力。

“一定时期”包括两个层次的内容：其一是企业在一个会计期间内从事生产经营活动的获利能力的比较与分析；其二是企业在一个较长时期内稳定获取较高利润能力的分析。

盈利能力对于企业来说是至关重要的，企业从事生产经营活动的根本目的就是获取数量可观的利润和维持企业稳定、持续的经营和发展。投资者投资的目的在于获得最大的回报，因而他们最为关心企业的盈利能力；债权人特别是长期债权人的利息收益和债权收回也最终取决于企业能否盈利，因此，他们也会关心企业的盈利能力；企业管理者为了衡量业绩，发现问题，履行经营责任，当然同样会非常关心企业自身的盈利能力。总之，盈利能力分析是企业管理当局及各利害关系人最为关注的财务报表分析内容之一。

对企业管理者来说，无论是资产结构的分析，还是偿债能力的分析等，其根本目标都是为了通过分析改善企业财务结构，提高偿债能力和经营能力，从而最终提高企业盈利能力，以保持企业的稳定发展。在盈利能力的分析中，既可以对绝对数指标进行分析，又可以对相对数指标进行分析，但比较而言，相对指标的分析比绝对指标分析更有意义。通常，从企业营业收入、投资报酬、财务杠杆、每股盈余等方面入手，来评价企业的盈利能力。

4. 企业营运能力分析

企业营运能力是指企业充分利用现有资源创造社会财富的能力，具体指企业各项营运资产的周转效率。营运资金指维持企业日常经营正常运行所需要的资金，它指企业的流动资产减去流动负债后的余额。这一观点为企业会计人员、一般信用调查人员、短期债权人及投资分析人员所主张，因为这些人员最关注的是企业的财务状况、信用状况及其短期偿债能力，而且只有扣除流动负债后的流动资产净额才是企业可以真正自由运用的资金。

企业的日常经营活动在企业财务报表上直接反映为企业营运资金及其各项目的变化，通过对企业营运资金的分析，报表使用者可以得到各自关注的有关企业财务状况和经营状况的信息。企业管理人员可以通过营运资金分析考核营运资金运用效率，并以此作为财务决策的重要依据；短期债权人或信用调查人员可以通过营运资金分析判断企业的短期偿债能力和经营效果，以此作为其发放信用的依据；长期债权人或股东则可以通过营运资金分析，判断企业的付息和偿债能力等等。

5. 企业发展趋势分析

企业发展趋势分析是指通过对企业财务报表的综合分析来预测未来，以帮助企业管理当局规划未来，帮助投资人、债权人以及有关各方进行有效决策。

七大“法宝”鉴别报表失真

近几年来，会计信息严重失真在我国已成为一种社会公害，上市公司年报（中报）出现信息失真的现象也时有发生。在过去一年多的时间里，就有ST棱光、ST琼华侨、ST猴王、ST粤海发、康赛集团、桂林集琦等多家上市公司因年（中）报信息披露的原因受到上交所或深交所的公开谴责，另有多家公司受到处罚。在此，我们结合近年证券市场发生的实际案例，提出了几种较为实用的识别上市公司年报信息失真的方法。

1. 关联交易剔除法

根据会计准则规定，关联交易应当遵循等价、公平的原则，按照公允价值进行计价。但是由于历史和体制上的原因，我国上市公司与其母公司、控股股东之间存在千丝万缕的关系，关联交易已经成为上市公司进行报表粉饰或利润转移的常用工具。

2000年，沪深两市已公布的1018家上市公司中，发生了各类关联交易行为的有949家，所占比例高达93.2%。其中，有488家上市公司向其关联方销售商品或提供服务，涉及总金额达1217.58亿元。在资本经营活动中发生了关联交易的上市公司有214家。另有844家上市公司与关联方存在应收应付款的结算余额，上市公司关联应收款总额达828亿元，关联应付款总额为237亿元。现在上市公司关联交易的手段主要包括：资产置换、股权转让、托管经营、内部转移定价、出售无形资产等，2000年更是发明了“赤裸裸”的“无偿赠予”。

运用关联交易剔除法可以较为真实地了解上市公司的实际盈利能力。所谓关联交易剔除法，是指将来自关联企业的营业收入和利润总额从公司利润表中予以剔除。通过这种分析，可以了解一个上市公司自身获取利润能力的强弱，判断该公司的盈利在多大程度上依赖于关联企业，从而判断其利润来源是否稳定、未来的成长性是否可靠等。如果上市公司来源于关联企业的营业收入和利润所占比例过高，投资者就应当特别关注关联交易的定价政策、关联交易发生的时间、关联交易发生的目的等，以判断上市公司是否运用了不等价交换，通过关联交易来进行报表粉饰。

2. 不良资产剔除法

这里所指的不良资产，与会计上严格意义的不良资产定义有所区别，除包括待摊费用、待处理流动资产净损失、待处理固定资产净损失、开办费、长期待摊费用等虚拟资产项目外，还包括可能产生潜亏的资产项目，如高龄应收款项、存货跌价和积压损失、投资损失、固定资产损失等。由于不良资产是导致上市公司虚盈实亏的重要原因，同时也是公司一个未引爆的“定时炸弹”，因此在对那些存在高额不良资产的上市公司进行年报分析时，对不良资产进行剔除分析就显得十分重要。在运用不良资产剔除法时，可以将不良资产总额与净资产比较，如果不良资产总额接近或超过净资产，即说明上市公司的持续经营能力可能有问题；同时也可以将当期不良资产的增加额与当期利润总额的增加额相比较，如果前者超过后者，说明上市公司当期的利润表可能有“水分”。

3. 合并报表分析法

合并报表分析法，是指将合并会计报表中的母公司数和合并数进行比较分析，来判断上市公司公布的财务数据真实性的一种方法。有的上市公司采取的粉饰报表手法比较高明，为了逃避注册会计师和有关部门的审查，往往通过子公司或者“孙公司”来实现利润虚构。因此，仔细分析合并报表有时也能发现其中的疑点。

4. 谨慎对待或有事项

或有事项是指过去的交易或事项形成的一种状况，其结果须通过未来不确定事项的发生或不发生予以证实。常见的或有事项有：未决诉讼、未决索赔、税务纠纷、产品质量保证、商业票据背书转让或贴现、为其他单位提供债务担保等。

5. 审计报告瞧仔细

当注册会计师与上市公司在会计报表上存在不同意见时，通常会在审计报告的意见段或说明段中进行阐述。因此，审计报告的意见段或说明段通常能给予投资者极大的帮助。

然而，目前证券市场上，投资者对注册会计师的审计报告似乎不太关心。很少有投资者能全文阅读完注册会计师出具的审计报告，大多数投资者对其持有股票的上市公司被出具何种审计报告并不清楚。养成阅读审计报告的习惯，是投资者预防财务报告风险的一个重要方法。

6. 偶然性因素当偶然性处理

这里的偶然性因素是指那些来源不稳定、不可能经常发生的收益或损失。常见的偶然性因素包括：补贴收入，营业外收入，债务重组收益，因会计政策变更或会计差错更正而调整的利润，发行新股冻结资金的利息等。通过偶然性因素排除法，将这些因偶然性因素发生的损益从企业的利润总额中剔除，能够较为客观地分析和评价上市公司盈利能力的高低和利润来源的稳定性。

7. 重点会计科目重点分析

上市公司进行报表粉饰时，常常运用的项目包括应收账款、其他应收款、其他应付款、存货、投资收益、无形资产、补贴收入、四项准备等会计科目。如果这些会计科目出现异常变动，投资者必须认真对待，考虑上市公司是否存在利用这些科目进行利润操纵的可能性。

利润表有什么奥秘

利润表是总括反映企业在某一会计期间（编报月份、季度或从年初起至年末止）的生产经营情况及其分配情况的财务报表。利润表是从动态的角度来说明企业在报告期内的经营成果，按“收入－费用＝利润”的平衡公式编制，反映资金的净流出。

作为一个基本的财务报表，利润表在以下方面发挥着重要的作用。

1. 有助于考核企业管理人员的经营业绩

在现代企业里，所有者与经营者的分离，使管理人员对受托资源经营管理责任的考核成为一个重要的课题。由于利润指标的综合性，由于它是企业在生产、经营、理财和投资等各项活动中管理效率和效益的直接表现，还由于它是企业在生产经营过程中各项投入和产出进行对比的结果，利润表提供的数据能够基本上反映企业管理当局的经营业绩和效率。

2. 作为对企业经营成本分配的重要依据

由于利润能综合反映企业的经营成果，因此，利润表作为利润形成即利润各个组成部分的报表，就可在企业的利润分配方面起到重要的作用。利润表上的数据直接影响到许多相关集团的利益，如国家的税收收入、管理人员的奖金、职工的工资与其他报酬、股东的股利等。

3. 有助于预测企业未来的现金流动

报表使用者主要关注各种预期的现金来源、金额、时间和不确定性的现金流动，包括股利或利息收入、出售或赎回证券所得、到期证券或借款的清偿。这些预期的现金流动，与企业的获利能力具有密切的联系。而有关过去经营活动的收益水平则在预测企业未来的现金流动方面具有重要的作用。

4. 如何编制利润表

利润表应当根据审查准确的会计账簿各损益类科目的发生额分析填列。

【例】××公司20××年度各损益类账户的年末余额，如下表所示：

表2-4 损益类账户20××年度科目余额表

科目名称	借方余额	科目名称	贷方余额
	20××年12月31日		20××年12月31日
主营业务成本	1 040 000		
营业税金及附加	100 000		
销售费用	60 000	主营业务收入	1 680 000
管理费用	170 200		
财务费用	9 800	营业外收入	16 000
投资收益	8 000		
所得税费用	163 200		

根据上述资料编制××公司20××年度利润表，见表如下：

表 2-5 利润表

编制单位：××公司　　20××年12月　　单位：元

项目	本月数	本年累计数
一、营业收入	略	1 680 000
减：营业成本		1 040 000
营业税金及附加		100 000
销售费用		60 000
管理费用		170 200
财务费用		9 800
加：公允价值变动损益		0
投资收益		–8 000
二、营业利润		292 000
加：营业外收入		16 000
减：营业外支出		0
三、利润总额		308 000
减：所得税费用		163 200
四、净利润		144 800
五、每股收益		—

5. 利润表分析

利润表是衡量和反映企业报告期内产品销售情况和财务成果的综合报表，是企业定期编制的主要财务报告之一。借助利润表，投资者、债权人及政府主管部门和其他有关人士，能评价企业的利润实现情况、投资效率，分析企业的盈利能力和变动趋势，有利于加强企业管理，提高经济效益。

利润表分析的内容主要有：

（1）投资收益的分析；

（2）盈利能力的分析；

（3）经济效益的分析。

【案例解读】企业财务报表里的“猫腻”

财报总是表面上看来很美好，但实际深究起来却并非如此。由于年报中涉及大量经济、财务、证券、管理知识及很多专业术语，很多投资者在阅读上市公司年报时，会觉得不少内容晦涩难懂，难以掌握。这里面到底隐藏着怎样的秘密？投资者又该如何识别其中的门道，以免被上市公司表面的数据忽悠？

接下来我们将为您逐一解读财务报表中的各种“猫腻”。

1. 造假动机。

既然我们讲的是心理博弈，那么要识别上市公司的财务造假，就先得清楚上市公司造假的“动机”。

(1) 保壳、避免退市或被ST。公司在“被迫无奈”的情况下往往会通过造假的方式来使得自己“盈利”。

(2) 再融资圈钱，增发、配股。上市公司的第二个财务报表“造假动机”。

(3) 骗取银行贷款。你愿意把钱借给一个还不上贷款的企业么？当然不会！

(4) 大股东或一致行动人、高管、战略投资者减持。“卖个好价钱”！

(5) 炒股票，公司配合主力通过操纵股价来获得收益，而近年来技巧越来越多样化和隐蔽。高送转之类配合主力的吸货或者出货屡见不鲜。

2. 财务报告看哪些？

(1) 看“非标”。

公司的财务报表中如果存在着过多的解释性说明，其管理层就可能藏着不可告人的秘密。如果上市公司被出具“非标”审计意见（除了“标准无保留意见”外），即其他审计意见都表明了审计机构对财务报表存在异议或疑义，简称“非标”意见，那么投资者就要谨慎关注了。

(2) 看收入。

一个健康稳定增长的企业，其收入应主要来自“主营业务收入”，并且连续三年主营业务收入稳定增长。如果收入很大一部分来自临时的一次性的收入，比如有些公司总是通过出售资产、下属企业来增加收入，那么公司的可持续性经营能力就值得怀疑。

此外，还有一种情况也较常见，那就是靠利息收入支撑整个公司的盈利局面。当然，利息也是公司营业收入和利润的重要组成部分，但却不能很好地反映一家公司的成长性。

(3) 看现金流。

现金流从某种意义上比收入和利润更重要，也更真实。账面收入和利润的人为操纵较容易，但实打实的现金流大大增加了扭曲业绩的难度，并决定着企业的生死。从这一点上，“现金为王”的说法一点也不为过。

投资者在关注利润表的同时，也应关注现金流量表，如果公司期末的现金流量为负，那么这家公司就往往处于现金短缺的状态。

(4) 看利润。

该指标直接反映了公司的盈利能力。对于该指标需要深入分析，辩证看待，需要关注公司利润的主要来源是否来自“主营业务利润”；临时的一次性利润来源（比如投资收益、营业外收支净额及财政补贴等）比重太高，只会增加企业的不稳定性，加大企业风险。

(5) 看资产负债。

三大财务报表中，上面分别分析了利润和现金流量中的一些重要指标，那么在资产负债表中，哪些指标也具有一定的欺骗性呢？答案就是存货量。一家公司的存货包括产品库存、生产原料库存等方面，公司库存商品过多会影响到公司下一报告期的生产和运营。

3. 警惕年报中的陷阱。

投资者在看年报时，除了不要被年报的表面所迷惑，要分析观察和仔细研究年报的重点内容外，还要警惕常见的一些陷阱。

(1) 销售利润率陷阱。

如果报告内的销售利润率变动较大，则表明公司有可能少计或多计费用，从而导致账面利润增加或减少。特别是对于销售产品较为固定的公司，往往都有较为稳定的销售渠道，那么销售费用也是一个相对稳定的值，所以出现利润率的大幅度变动，就很有可能是公司有意通过调整费用来控制利润的增加或者减少，再结合股价所处的位置以及未来公司的政策，不难判断出公司的意愿。

(2) 应收账款项目陷阱。

每一家企业都会有大量的“应收账款”和“其他应收款”，这是做假账最方便快捷的途径。为了抬高当年利润，上市公司可以与关联企业或关系企业进行赊账交易。因此，当我们看到上市公司的资产负债表上出现大量“应收账款”，损益表上出现巨额利润增加，但现金流量表却没有出现大量现金净流入时，就应该开始警觉：这家公司是不是在利用赊账交易操纵利润?

赊账交易的生命周期不会很长，一般工业企业回收货款的周期都在一年以下，时间太长的账款会被列入坏账行列，影响公司利润，因此上市公司一般都会在下一个年度把赊账交易解决掉。解决的方法很简单——让关联企业或关系企业把货物退回来，填写一个退货单据，这笔交易就相当于没有发生，上一年度的资产负债表和损益表都要重新修正，但是这对于投资者来说已经太晚了。当年的“银广夏”和“郑百文”就曾经因为虚构应收账款被处以重罚。

(3) 坏账准备陷阱。

通俗地说，坏账准备金就是假设应收账款中有一定比例无法收回，对方有可能赖账，必须提前把这部分赖账金额扣掉。理论上讲，上市公司的坏账准备金比例应该根据账龄而变化，账龄越长的账款，遭遇赖账的可能性越大，坏账准备金比例也应该越高。

利用坏账准备金做假账有两种手段——第一种是多计，第二种是少计。少计坏账准备金很容易理解，这样可以增加利润，提升估值，便于操纵股价；多计坏账准备金则一般发生在经营情况恶劣的年份和更换领导时。

(4) 折旧陷阱。

在建工程完工后不转成固定资产，公司也就免提折旧，有的不按重置后的固定资产提取折旧，有的甚至降低折旧率，这些都会虚增公司的利润。

(5)“其他业务利润”陷阱。

从财务会计的角度来看，操纵“其他业务利润”比操纵“主营业务利润”更方便，更不容易被察觉。作为普通投资者，我们不可能深入调查某家公司的“其他业务利润”是不是伪造的，但是我们至少可以分析出一定的可能性——如果一家公司的“主营业务利润”与“其他业务利润”严重不成比例，甚至是“其他业务利润”高于“主营业务利润”，我们就有理由怀疑它做了假账。

(6) 债务偿还能力陷阱。

衡量一家公司的债务偿还能力，主要有两个标准：一是流动比例，即用该公司的流动资产比上流动负债；二是速动比例，即用该公司的速动资产（主要是现金和有价证券、应收账款、其他应收款等很容易变现的资产）比上流动负债。一般认为工业企业的流动比例应该大于2，速动比例应该大于1，否则资金周转就可能出现问题。但是不同行业的标准也不一样，不可以一概而论。

许多上市公司正是通过操纵应收账款和其他应收款，一方面抬高利润，一方面维持债务偿还能力的假象，从银行手中源源不断地骗得新的贷款。作为普通投资者，应该时刻记住：只有冰冷的现金才是最真实的，如果现金的情况不好，其他的情况再好也难以信任。

如果一家企业的流动比例和速动比例良好，现金又很充裕，我们是否就能完全信任它？答案是否定的。现金固然是真实的，但也要看看现金的来历——是经营活动产生的现金，投资活动产生的现金，还是筹资活动产生的现金。

刚刚上市或配股的公司一般都有充裕的现金，这并不能说明它是一家好公司。恰恰相反，以造假和配股为中心的“中国股市圈钱模式”可以用以下模式概括：操纵利润—抬高股价—增发配股—圈得现金—提高信用等级—申请更多银行贷款—继续操纵利润，这个模式可以一直循环下去，直到没有足够的钱可圈为止。

|第三章|

F I N A N C 3 E

企业经营要学会躲避陷阱

财务管理是组织企业财务活动、处理财务关系的一项经济管理工作。因此，要了解什么是财务管理，必须先分析企业的财务活动和财务关系，不要一副“我是老板我怕谁”的样子，要懂得现代企业要求规范化管理、要求会计资料健全。

决策依据最终就是一系列财务数据和指标。不了解财务知识，不研究企业财务管理问题，财务风险意识淡薄，是不利于企业发展的。

我是老板我怕谁

财务管理是组织企业财务活动、处理财务关系的一项经济管理工作。因此，要了解什么是财务管理，必须先分析企业的财务活动和财务关系，不要一副“我是老板我怕谁”的样子，要懂得现代企业要求规范化管理、要求会计资料健全。凡是企业就要有会计资料，就需要对资金的筹措和使用进行规划，就离不开财务管理，因此企业老总管理企业在发挥财务部门管理职能基础上，自身也要懂一些财务知识，因为企业财会人员的工作是为企业老总决策提供服务，老总的经营理念，决定企业的财务管理方法。老总对财会人员的要求是什么样，企业的财务管理水平就是什么样。所以说老总的财务管理思想决定企业的财务管理水平和经营成败，老总不懂一些财务知识，在竞争激烈的当今社会对企业是不利的。

企业老总应该了解的财务知识：

（1）企业老总必须会看财务报表，知道报表的编制程序和数字意义，能进行会计报表分析。

能够通过利润表、现金流量表上反映出的数据对企业有一个基本判断；能够通过财务报表进行差异分析，了解资金运作是否合理，生产原料、辅料、产成品、半成品、资金搭配结构是否适当；然后根据企业生产特点进行月、季、半年分析，发现不利因素及时调整决策；能够通过财务报表进行对比分析，对产、供、销各个环节进行额度比较，从而挖掘潜力、降低成本、提高效率。

（2）能够通过财务制度规范企业的生产经营行为。

企业老总只有懂点财务知识才能遵守国家财会法规，对财务报表负责，才能指导财会人员工作，才能在企业内部建立起内部监督机制；也只有懂一些财务知识，才能用一些财务指标来建立企业的绩效考评机制，才能防范企业的财务风险。如果一个企业老总连什么是资产负债率、流动比率、速动比率、应收账款周转率、存货周转率都不清楚，又怎么能通过财务制度规范企业的生产经营行为呢？

（3）现代企业制度要求企业老总抓好资金的计划性管理，使资金定时、定量、定额运作，保证生产正常进行。

调控应收、应付账款，清理内部、外部资金，使资金得到合理运用是财务部门的职责，也是企业老总应关心的问题。老总要充分发挥财务部门在聚财、理财及财务监督方面的职能，自己只有懂一些财务知识，才能做好这项工作。

（4）企业老总懂财务才能真正发挥财务人员的积极性，才能处理好财务部门与各部门间的关系，才能运用财务数据进行科学决策。

不懂财务程序、不懂财务知识就不会真正认识到财务工作在企业中的价值和意义，就注定做不强、做不大企业。有些老总认为自己不懂财务没关系，只要有懂财务的人就行了，殊不知老总不懂财务就不会主动用财务数据进行决策，而是习惯于以自己的经验、喜好主观地做出判断。这种判断一旦错误，别人说服起来是很困难的。即使说服了这次也不能保证下次，久之，还容易产生矛盾。他不知道财务人员的工作是为自己决策提供服务，企业老总才是企业财务的总负责人，自己不懂财务就指导不好财务人员工作。当然懂财务不是说自己要去做财务的具体工作，而是会运用财务决策。

现在有的企业老总整日忙于生产和经营，对学习不重视，特别是一些中小企业、私营企业老总更是重市场、重技术、重经营而轻管理，认为决策就是生产、经营、技术、策划、研发、销售方面的事情，不知这些决策都是为了盈利，都离不开财务数据。决策依据最终就是一系列财务数据和指标。不了解财务知识，不研究企业财务管理问题，财务风险意识淡薄，是不利于企业发展的。

手把财权心放宽

有的企业公司的主要领导人还监管着公司的财务，这样看似可以把握企业的财权，但是主要领导对财务的理解不是很专业，同时监管对企业的发展也没有任何好处。

我们来认识一下财务管理的职能。

财务管理是对财务的一种管理活动，是企业再生产过程中基于客观存在的财务活动和财务关系而产生的，是企业组织财务活动、处理企业与各方面财务关系的一项经济管理工作。财务活动的内容主要有：筹资活动、投资活动、资金营运活动、分配活动。上述财务活动的四个方面，不是相互割裂、互不相关的，而是相互联系、相互依存的。正是上述互相联系又有一定区别的四个方面，构成了完整的企业财务活动。

财务管理的环节，是指财务管理的工作步骤与一般工作程序。一般而言，企业财务管理包括五个环节：财务预测、财务决策、财务预算、财务控制、财务分析。

1. 财务预测

企业财务预测是按照财务活动的历史资料，根据现实的要求和条件，对企业未来的财务活动和财务成果做出科学的预计和测算。企业财务预测环节主要包括以下几个步骤：

（1）明确预测目标。财务预测的目标就是财务预测的对象和目的。由于预测目标不同，预测资料的搜集、预测模型的建立、预测方法的选择、预测结果的表现方式等也有不同的要求。为达到预期效果，一定要根据管理决策的需要，明确预测的具体对象和目的，例如降低成本、增加利润、加快资金周转等，从而规定预测的范围。

（2）搜集有关资料。根据预测对象的目的，应广泛搜集与预测目标有关的各种资料信息，主要包括内部信息资料和外部信息资料、财务信息资料和生产技术资料、计划和统计信息资料等。对于所搜集的资料要进行可靠性、完整性和典型性的检查，还要进行归类、汇总、调整等加工处理，使这些信息资料符合预测需要。

（3）建立预测模型。根据影响预测对象的各个因素之间的相互联系，建立相应的财务预测模型，一般的财务预测模型包括因果关系预测模型、时间序列预测模型及回归分析预测模型等。

（4）实施财务预测。把经过加工整理的财务信息资料代入财务预测模型，选取有效的预测方法，进行定性、定量分析，确定预测的结果。

2. 财务决策

财务决策是财务人员根据财务目标的总体要求，从各种备选方案中选择出的最佳方案。财务管理的核心是财务决策，财务预测为财务决策服务，财务决策关系到企业的兴衰。财务决策环节的工作一般包括以下步骤：

（1）确定财务决策目标。因各种不同的财务决策目标所需的决策分析资料不同，采取的决策依据也不同，只有明确财务决策目标，才能有针对性地做好各个阶段的财务决策分析。

（2）提出备选方案。依据财务决策目标，运用一定的财务预测方法，对搜集的资料进行加工、整理，提出实现目标的各种可供选择的方案。

（3）选择最优方案。在各种备选财务方案提出后，根据财务决策目标，采用一定的方法、标准，分析、评价各种方案的经济效益，进行综合权衡，从中选择出一个最优方案。

3. 财务预算

财务预算是运用科学的技术手段和数量方法，对财务目标进行综合平衡，制定主要的财务计划指标，拟定增产节约措施，协调各项计划指标。财务预算是以财务决策确立的方案和财务预测提供的信息为基础编制的，是财务预测和财务决策的具体化，是控制财务活动的依据。财务预算的编制主要包括以下步骤：

（1）分析财务环境，确定预算指标。根据企业的外部宏观环境和内部微观状况，运用科学方法，分析与所确定的经营目标有关的各种因素，按照总体经济效益的要求，确定出主要的预算指标。

（2）协调财务能力，组织综合平衡。企业应合理安排人力、物力、财力，使它们与经营目标的要求相适应，资金运用同资金来源平衡，财务收入同财务支出平衡。应充分挖掘企业潜力，以提高经济效益为中心，对企业各方面的经营活动提出要求，制定好各单位的预算指标。

（3）选择预算方法，编制财务预算。以经营目标为核心，以平均先进定额为基础，编制企业的财务预算，并检查各项有关的预算指标是否密切衔接、协调平衡。

4. 财务控制

财务控制是在财务管理的过程中，运用有关信息和财务手段，对企业财务活动进行调节，以实现预算指标、提高经济效益。实行财务控制是落实预算任务、保证预算实现的有效措施。财务控制应经过以下步骤进行：

（1）制定控制标准，分解落实责任。按照责权利相结合的要求，把预算任务以标准和指标的形式分解到车间、科室、班组以及个人，企业内部每个单位、每个职工均有明确的工作要求，便于落实责任、检查考核。

（2）实施追踪控制，调整误差。在企业财务活动中，要采取各种手段对资金的收付、费用的支出、物资的占用等实施事先控制。符合标准的，应予以支持，并给以机动权限；不符合标准的，要加以限制。在预算执行过程中还要对结果与目标的差异进行调整，以使预算顺利执行。要详细记录预算的执行情况，把实际数与预算数或其他标准数进行对比，考察可能出现的变动趋势，确定差异的程度和性质，确定导致差异的责任方，调节实际过程，消除差异，实现预算指标。

（3）分析执行差异，搞好考核奖惩。企业在一定时期，要对各责任单位的预算执行情况实施分析、评价，考核各个财务指标的执行结果，将财务指标的考核纳入各级岗位责任制，运用激励机制。

5. 财务分析

财务分析是根据核算资料，运用特定方法，对企业财务活动过程及结果进行分析和评价的工作。通过财务分析，掌握各项财务计划的完成情况，评价财务状况，掌握企业财务活动的规律性，改善财务预测、决策、预算和控制，改善企业经营管理水平，提高企业经济效益。财务分析包括以下几个方面：

（1）占有资料，掌握信息。进行财务分析要充分占有相关资料和信息。运用的资料一般包括财务预算等计划资料、本期财务报表等实际资料、财务历史资料及市场调查资料。

（2）指标对比，揭露、发现问题。对比分析是揭露、发现问题的基本方法。应在充分占有资料的基础上，通过数量指标的对比评价企业业绩，发现问题，找出差异。

（3）分析原因，明确责任。影响企业财务活动的因素，一般有技术因素，有生产因素；有经济管理因素，也有思想政治方面的因素；有企业内部的，也有企业外部的。这就要求财务人员要运用一定的方法从各种因素的相互作用中找出影响财务指标的主要因素，分清责任，抓住关键。

（4）提出措施，改进财务工作。应在掌握大量信息资料的基础上，找出各种财务活动及财务活动同其他经济活动之间的内在联系，提出改进措施，并且明确具体，切实可行，通过改进措施的落实，提高企业财务管理水平。

会计出纳是一家

会计和出纳，作为财务岗位中两个比较突出的角色，因其属性大致相同，常被不少人混为一谈。不少小公司，为了节约人力资源成本，常选择由同一人身兼两职，同时担任公司的会计和出纳。

然而，这样做真的合理么？表面上，由一人身兼两职，是节省了公司在人力资源这方面的一部分投入，可同时，也为公司带来了不小的财务隐患。那么，会计和出纳究竟有什么区别呢？

第一，各有各的分工。

总账会计负责企业经济业务的总括核算，为企业经济管理和经营决策提供总括的全面的核算资料；明细分类账会计分管企业的明细账，为企业经济管理和经营决策提供明细分类核算资料；出纳则分管企业票据、货币资金，以及有价证券等的收付、保管、核算工作，为企业经济管理和经营决策提供各种金融信息。总体上讲，必须实行钱账分管，出纳人员不得兼管稽核和会计档案保管，不得负责收入、费用、债权债务等账目的登记工作。总账会计和明细账会计则不得管钱管物。

第二，既互相依赖又互相牵制。

出纳、明细分类账会计、总账会计之间，有着很强的依赖性。他们核算的依据是相同的，都是会计原始凭证和会计记账凭证。这些作为记账凭据的会计凭证必须在出纳、明细账会计、总账会计之间按照一定的顺序传递，他们相互利用对方的核算资料，共同完成会计任务，缺一不可。同时，他们之间又互相牵制与控制。出纳的现金和银行存款日记账与总账会计的现金和银行存款总分类账，总分类账与其所属的明细分类账，明细账中的有价证券账与出纳账中相应的有价证券账，有金额上的等量关系。这样，出纳、明细账会计、总账会计三者之间就构成了相互牵制与控制的关系，三者之间必须相互核对保持一致。

第三，出纳与明细账会计的区别是相对的，出纳核算也是一种特殊的明细核算。

它要求分别按照现金和银行存款设置日记账，银行存款还要按照存入的不同户头分别设置日记账，逐笔序时地进行明细核算。“现金日记账”要每天结出余额，并与库存数进行核对；“银行存款日记账”也要在月内多次结出余额，与开户银行进行核对。月末都必须按规定进行结账。月内还要多次出具报告单，报告核算结果，并与现金和银行存款总分类账进行核对。

第四，出纳工作是一种账实兼管的工作。

出纳工作，主要是现金、银行存款和各种有价证券的收支与结存核算，以及现金、有价证券的保管和银行存款账户的管理工作。现金和有价证券放在出纳的保险柜中保管，银行存款由出纳办理收支结算手续，既要进行出纳账务处理，又要进行现金、有价证券等实物的管理和银行存款收付业务。在这一点上出纳和其他财会工作有着显著的区别。除了出纳，其他财会人员是管账不管钱、管账不管物的。

对出纳工作的这种分工，并不违背财务“钱账分管”的原则，这是由于出纳账是一种特殊的明细账，总账会计还要设置“现金”“银行存款”“长期投资”“短期投资”等相应的总分类账对出纳保管和核算的现金、银行存款、有价证券等进行总金额的控制。其中，有价证券还应有出纳核算以外的其他形式的明细分类核算。

第五，出纳工作直接参与经济活动过程。

货物的购销，必须经过两个过程，货物移交和货款结算。其中货款结算，即货物价款的收入与支付就必须通过出纳工作来完成；往来款项的收付、各种有价证券的经营以及其他金融业务的办理，更是离不开出纳人员的参与。这也是出纳工作的一个显著特点，其他财务工作，一般不直接参与经济活动过程，而只对其进行反映和监督。

不计成本很受伤

很多企业家在经营过程中一味追求利润与销售额的增长，却忽视了企业内部成本控制的重要性。下面来分析一下企业成本控制的弊端和方法。

1. 成本控制方法单一

（1）企业资源过度耗用。

为企业开源节流，剔除过度的资源耗用，是企业节省不必要资金投入、赚取利润的最佳方法。特别是企业在遇到发展瓶颈时，企业采购、生产、库存、沟通等各种各样的隐形成本，就成了阻碍企业持续发展的隐形杀手。

日本企业将浪费视为企业管理的天敌，以浪费为耻，所以总是想尽一切办法去杜绝浪费，如稻盛和夫老先生曾说："企业应对萧条时，更加要集中精力搞研发，开展降低成本的工作，让企业员工时刻具有危机意识。"

节省的成本等同于为企业又增加了一笔可用的流动资金，这对于企业也有可能是一笔救命钱，所谓"干毛巾也能拧出水"，不断进行成本控制是企业生死存亡的关键，值得每个老板反省与思考。让成本控制不再只是老板的事，让全员主动参与成本控制，而不是成为成本控制的对象。

（2）采购成本和生产成本。

采购成本与生产成本都是企业成本控制中的重头戏，采购成本下降1%，就会给企业带来非常大的利润，因此控制采购成本至关重要。生产成本下降与之对应的是企业生产技术的提升、生产力的提高。

目前，绝大部分企业的成本控制方法单一，成本核算过于简化，不利于对产品生产各个环节进行有效的成本控制与核算，容易陷入单纯地为降低成本而降低成本的怪圈，影响企业的日常运作。

并且，生产、采购成本控制往往容易脱离市场，片面追求以增加生产量的方式来降低单位成本，未结合“市场需求”这个关键因素对成本实施有效控制，结果导致产品质量下降、存货积压，带来更大的价值损失。

（3）阿米巴经营模式。

阿米巴经营模式严格意义上来说是一套系统完善的经营成本控制管理模式，整个经营模式始终以“销售最大化，经费最小化”的经营原则为出发点。

生产部与采购部是两个独立核算、自负盈亏的小阿米巴组织，每个阿米巴都是一个小企业，都有一张经营会计报表，都有销售额、成本及利润。在保证产品质量的前提下，生产部通过改进产品设计、结构，改进工艺，利用科学技术研制来降低材料消耗，力争做到低投入、高产出；再通过内部市场化交易的手段，让采购部与生产部、营销部进行内部交易，成功将市场压力传递到企业内部，同时也能通过成本数据、销售额数据时刻把握企业经营与行业市场现状，作为数据依据对组织和个人进行公平的绩效考核。

阿米巴经营模式的优点在于系统化地将成本控制与企业经营高效结合，现场成本控制管理流程科学，数据精确。

2. 科学合理控制库存成本

（1）库存成本的五大毒性。

很多企业把库存看作一项资产。在资产负债表上，库存确实是一项资产，但是这项资产有五大毒性：

第一，库存越大，占用的资金就越大。资金存在机会成本，当资金放进仓库就无法产生回报。比如，假设资金的机会成本是每月 5%，在仓库待了 12 个月，机会成本就是 18%，如果毛利率正好为 18%，那么企业就赚不到钱。

第二，库存容易贬值。从长远来讲，某些特殊存货不易贬值，如房子，但从某个阶段来讲，任何库存都易贬值。

第三，耗用资源。仓库面积越大，人员工资、仓库租金等越多，管理成本就越大。

第四，易毁损。库存产品容易被烧毁、被盗走、被磨损。

第五，易过质保期。产品都有质保期，库存容易过质保期。比如，一支钢笔 1 月 1 日生产入库，质保期为 12 个月。12 个月内有问题就免费退货。但 1 月 1 日入库，次年的 4 月 1 日还没有卖出去，由于质保期为 12 月 31 日到期，产品质量在次年的 4 月 1 日可能已经出现问题。

（2）阿米巴经营如何控制库存。

阿米巴经营同样始终坚持“销售额最大化，经费最小化”的经营原则，从企业内部深度灌输这种经营原则与企业理念，让基层员工在现场贯彻执行，增强员工的成本意识。比如，为了不断扩大销售又尽量保持零库存，稻盛和夫先生创建的京瓷株式会社往往先获取订单再进行生产。

有时候为了获取更高的产品销售单价，京瓷往往会接下目前尚不能生产的产品订单。因此，需要阿米巴单元之间进行更加深入密切的沟通，营销部门与生产部门之间订单实行一一对应原则，减少仓库面积，营销部门存货付一定金额的租金……最大限度地控制库存成本，有效地避免库存长时间的积压，也促进销售与库存的有效循环。

3. 用阿米巴经营控制企业成本

当然，企业隐形成本还有很多，比如沟通成本、人才流失成本、岗位错位成本、管理成本等等。在稻盛和夫老先生运用 56 年的阿米巴经营中都有对症下药的解决方法。

比如沟通成本的问题，阿米巴经营化小组织单元，责权利划分清晰明确，真正打破了“部门墙”，每一个小的阿米巴在经营中都必须高效协作，才能给自己这个阿米巴组织带来利润。同时，阿米巴经营还有费用分摊体系，每个辅助部门的管理费用分摊也大大降低了企业管理成本。

企业经营最难管理的是“人”所产生的成本，如何留住人才、降低时间成本等主观问题很难用制度去解决。阿米巴经营通过合理授权让全员参与经营，人人成为老板，自动自发为成本、利润而操心，通过经营哲学、经营会计、绩效考核让员工与企业形成利益共同体、命运共同体。精神与物质两方面得到了双丰收，人才自然不会流失。那么，企业拥有众多的后备人才，其持续发展的根基才会更加稳固！

【案例解读】百富勤公司倒闭始末

事件背景

在香港证券史上，百富勤是港人推崇的白手起家、勇于进取的典范。1988 年，被誉为花旗“三剑客”中的杜辉廉和梁伯韬携手创立百富勤公司，起始资本仅为 3 亿港元，两人各占 35% 的股权。梁伯韬的企业财务专长配合杜辉廉的证券买卖经验，使百富勤企业在香港投资银行业务领域发展相当活跃。1989 年 9 月，百富勤用 3 亿港元资金以杠杆收购方式成功收购当时市值 14 亿港元的广生行，1990 年 2 月再收购上市公司前泰顺国际，改名为百富勤投资，买壳上市，市值一度逾 25 亿港元，总资产达 240 亿港元，在东南亚和欧美拥有 28 家分支机构。

作为投资银行，百富勤率先涉足内地企业在香港上市业务，1992 年安排海虹集团、中国海外、中旅香港在港上市，创下认购倍数和冻结资金的记录。1997 年，百富勤安排百富勤北京控股在港上市，创 1275 亿美元筹资记录。作为香港第一大华资券商，百富勤有着辉煌的历史。

然而，由于现金流量不足，百富勤于 1998 年 1 月 12 日宣布清盘，正式结束了不到 10 年的创业生涯。1 月 13 日，法院委任普华会计师事务所作为百富勤公司的清盘人负责接管该公司。

百富勤倒闭的原因

1. 亚洲金融风暴引起信贷风险导致资金短缺。

导致百富勤倒闭的诱因是亚洲金融风暴，主要的原因是公司在报告及会计程序、风险管理和内部审计上的基础系统性均不足，反映了百富勤过于重视招揽生意，而忽略提供所需监管系统的公司文化。

2. 缺乏基本制衡的经理阶层。

企业治理结构中对于经理阶层的制约和激励，是保证整个企业平稳运行的两个既互相制约、又互相依赖的方面。缺乏基本制衡的经理阶层必然会导致其做出损害投资者的行动，对于投资银行这样相对来说要求机制比较灵活的企业，投资者往往屈从于经理阶层给予更大自主权的要求，这可能会有利于一个阶段内的业务发展，但却肯定是长远发展的隐患。

百富勤先后在欧美和亚洲多个国家开设分行，杜、梁二人之分工是按区域划分的。杜辉廉主要负责欧美及东南亚，而梁伯韬主管大中华区。杜辉廉在主管的业务领域内独断专行，被称为“国王”。如果一个企业内有一个“国王”，那么，基本的制衡机制从何谈起？在这样的治理结构下，这些超然于制衡之外的经理人员才可能不顾基本的风险管理原则，摈弃内部可能的制衡机制和监控机制进行孤注一掷的冒险。这种冒险在特定的时候可能还会给企业带来巨额利润，但是，在巨额利润之后，是阴险地冷笑着的魔鬼，是负面影响不断扩大的治理结构方面的隐患。

百富勤作为一家东方文化环境中成长起来的投资银行，在相当程度上带有家长式的色彩，对于主要决策人员缺乏基本的制约；反观中国内地的许多证券公司，主要的总经理何尝不是这样的家长式“国王”，基本的制衡机制无从谈起。

3. 较弱的风险防范和控制能力。

投资银行内部独立的风险控制体系远远没有有效运行。小型投资银行在风险防范和控制水平相对滞后的情况下还可以取得一定的发展，但随着公司规模的扩大，风险防范和控制的重要性就会日益显现出来。百富勤在不到 10 年的时间里一跃成为香港投资银行界的佼佼者，但随着其规模的扩张，风险防范和控制能力却没有能够相应地得到提高，扩张带来的风险和回报不对称。

4. 风险过于集中。

在形势发生逆转时没及时调整策略，在不利情况下继续扩张招致大量汇率风险。贬值货币所在国的紧缩政策、经营部门的违约行为和企业破产个案激增，面临的信用风险大为增加。

投资风险过高是根本原因，但导致百富勤倒闭的直接导火线是其资产流动性的不足，即现金流量不足。按香港证监会有关交易规定，百富勤必须于1998年1月9日交足6000万美元的交易保证金。百富勤曾经计划向瑞士苏黎世保险集团出让24.1%的股份以换取2亿美元现金，该项计划于1月9日宣告破产，加上往来银行对其中止放贷，使得以上注资事项失败。1月10日，香港证监会取消百富勤交易会籍。之后两天，百富勤四处奔波寻找买家未果，终于宣告清盘。

5. 中介机构没有发挥应有的约束作用。

外部审计的职责是为客户提供独立的意见和建议，同时也应当能为客户指出其潜在缺陷及风险。百富勤的会计师将工作范围仅局限于传统的审计工作，从未与百富勤的董事会面商计相关事务，也没有给百富勤高层管理人员提供关于公司监控系统所存在的缺陷或潜在风险的意见。百富勤的法律顾问也未能确保及时跟进会计报表中的批评。

总结

一位资深金融评论家说：百富勤的破产经过，就像一个精力旺盛的小伙子，由于一口痰卡在喉咙里，自己无法吐出，又没有别人帮助，最后窒息而死。而这口致命的“痰”就是不当的财务管理过程。

|第四章|

F I N A N C E

管好现金就是管好企业命脉

4

现金循环周期决定企业资金使用效率。绩优企业在现金周期上能够比一般企业少40 ~ 65天。现金周期缩短是企业效益提升的一个关键指标。

公司管理当局及财务管理人员对现金循环周期应有正确认识，因为周转期的长短关系到资金冻结时间的长短，影响资金成本及运用效益。财务管理人员应研究缩短周期的可能途径，以提高资金运用效率及营运收益。

清楚现金循环路径与周期

现金循环周期决定企业资金使用效率。绩优企业在现金周期上能够比一般企业少40~65天。按照美国学者法罗斯教授提出的现金周期模型，在分析了DELL和杰西潘尼的现金周期和美国主要产业现金周期的过程，他得出结论认为，现金周期缩短是企业效益提升的一个关键指标。首先看一下什么是现金循环和周期，见下图：

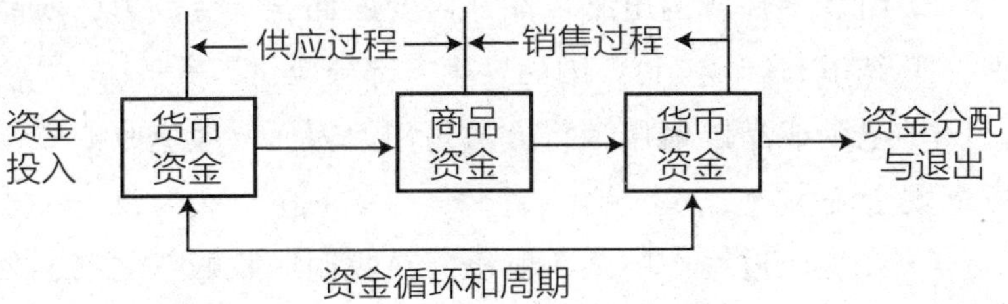

图 4–1

1. 现金循环周期的计算公式

现金循环周期 = 存货转换期间 + 应收账款转换期间 – 应付账款递延期间 = 生产经营周期 – 应付账款平均付款期

其中，平均应付账款期 =365/（销售成本 / 应付账款）

2. 现金循环周期的作用分析

现金循环周期的变化会直接影响所需营运资金的数额。一般来说，存货周转期和应收账款周转期越长，应付账款周转期越短，所需营运资金数额就越大；相反，存货周转期和应收账款周转期越短，应付账款周转期越长，所需营运资金数额就越小。此外，营运资金周转的数额还受到偿债风险、收益要求和成本约束等因素的制约。

流动资金既然供营运周转之用，就应该有一个循环周期。周期的长短，关系到资金成本及运用效率。

假定有一家生产个人电脑的公司，预测市场需求为100部，以下步骤决定其未来可产生的现金流量，并显示出其生产决策对公司流动资金地位的影响：

（1）公司订购生产100部电脑所需的零组件，因电脑行业采购原料、零件习惯上实行信用赊购方式，因而此项交易仅发生应付账款，对现金流量并无立即影响；

（2）组装零件成为电脑成品，需要雇佣若干劳动力，产品完成时，工资并未全部支付，因而发生一部分应付工资；

（3）电脑成品以信用销售方式售出，因而发生应收账款，并无立即现金流入；

（4）在生产过程中的某一阶段，在收回应收账款之前，公司必须支付应付账款及应付工资，因而发生净现金流出。此项现金流出须向银行借款融通；

（5）当公司收回应收账款时，流动资金的现金流程循环已经完成。此时公司有能力偿还借款，此项借款的目的在于协助生产的进行及营运周转。

电脑公司进行产销活动，把零组件及人工转换为现金的过程，称为现金转换循环，这一模型中应用若干术语，分别解释如下：

存货转换期间：是指把原物料或零组件制造为产品，并将产品售出所需的时间；销货/存货=存货周转率，存货周转次数愈多，代表该企业推销商品的能力及经营绩效越佳，因此存货转换期间不宜过长。

应收账款转换期间：是指应收账款收回现金所需的时间，又称为销货悬账天数。

销货/应收账款=应收账款周转率，应收账款周转率越高表示企业收账的速度及效率越佳。

存货转换期间与应收账款转换期间合称为营业循环周期。

应付账款递延期间：是指自购进原料或雇佣人工至支付价款及工资所递延的平均天数。一般公司支付购料价款及工资的递延期间，通常为30天。

现金循环周期包括上述三个期间，其长度等于自公司购买（生产所需资源）原材料及人工支付现金之日起，至销售产品收回价款之日止所经过的天数，可以衡量公司的现金冻结在流动资产上的时间长短。

现金循环周期可用下列公式计算出：

存货转换期间+应收账款转换期间-应付账款递延期间=现金循环周期

从另一角度看则为：

现金回收递延天数-现金支出递延天数=净递延天数

公司管理当局及财务管理人员对现金循环周期应有正确认识，因为周转期的长短关系到资金冻结时间的长短，影响资金成本及运用效益。财务管理人员应研究缩短周期的可能途径，以提高资金运用效率及营运收益。

因此，缩短存货周转期和应收账款周转期，延长应付账款付款期是缩短现金循环周期的基本途径。企业可以根据自身的实际情况，压缩收款流程、优化贷款支付过程，如利用现金浮余量、支付账户集中、展期付款、设立零余额账户、远距离付款等方法，在合理的范围内尽量延长贷款支付的时间，加速现金流的周转，相应地提高了现金的利用效果，从而增加了企业的收益。

要抓现金，预算先行

1. 预算的特征与作用

（1）预算的特征。

“凡事预则立，不预则废”。预算是企业在预测、决策的基础上，以数量和金额的形式反映企业未来一定时期内经营、投资、财务等活动的具体计划，是为实现企业目标而对各种资源和企业活动的详细安排。

预算具有两个特征：首先，编制预算的目的是促使企业以最经济有效的方式实现预定目标，因此，预算必须与企业的战略或目标保持一致；其次，预算作为一种数量化的详细计划，它是对未来活动的细致、周密安排，是未来经营活动的依据，数量化和可执行性是预算最主要的特征。因此，预算是一种可据以执行和控制经济活动的、最为具体的计划，是对目标的具体化，是将企业活动导向预定目标的有力工具。

（2）预算的作用。

预算的作用主要表现在以下几个方面：

①预算通过引导和控制经济活动，使企业经营达到预期目标。通过预算指标可以控制实际活动过程，随时发现问题，采取必要的措施，纠正不良偏差，避免经营活动的漫无目的、随心所欲，通过有效的方式实现预期目标。因此，预算具有规划、控制、引

导企业经济活动有序进行，以最经济有效的方式实现预定目标的功能。

②预算可以实现企业内部各个部门之间的协调。从系统论的观点来看，局部计划的最优化，对全局来说不一定是最合理的。为了使各个职能部门向着共同的战略目标前进，它们的经济活动必须密切配合，相互协调，统筹兼顾，全面安排，搞好综合平衡。

通过各部门预算的综合平衡，能促使各部门管理人员清楚地了解本部门在全局中的地位和作用，尽可能地做好部门之间的协调工作。各级各部门因其职责不同，往往会出现相互冲突的现象。各部门之间必须协调一致，才能最大限度地实现企业整体目标。

例如，企业的销售、生产、财务等各部门可以分别编制出对自己来说是最好的计划，而该计划在其他部门却不一定能行得通。销售部门根据市场预测提出了一个庞大的销售计划，生产部门可能没有那么大的生产能力。生产部门可能编制一个充分利用现有生产能力的计划，但销售部门可能无力将这些产品销售出去。销售部门和生产部门都认为应该扩大生产能力，财务部门却认为无法筹到必要的资金。

全面预算经过综合平衡后可以提供解决各级各部门冲突的最佳办法，代表企业的最优方案，可以使各级各部门的工作在此基础上协调地进行。

③预算可以作为业绩考核的标准。预算作为企业财务活动的行为标准，使各项活动的实际执行有章可循。预算标准可以作为各部门责任考核的依据。经过分解落实的预算规划目标能与部门、责任人的业绩考评结合起来，成为奖勤罚懒、评估优劣的准绳。

2. 预算工作的组织

预算工作的组织包括决策层、管理层、执行层和考核层，具体如下：

（1）企业董事会或类似机构应当对企业预算的管理工作负总责。企业董事会或者经理办公会可以根据情况设立预算委员会或指定财务管理部门负责预算管理事宜，并对企业法人代表负责。

（2）预算委员会或财务管理部门主要拟订预算的目标、政策，制定预算管理的具体措施和办法，审议、平衡预算方案，组织下达预算，协调解决预算编制和执行中的问题，组织审计、考核预算的执行情况，督促企业完成预算目标。

（3）企业财务管理部门具体负责企业预算的跟踪管理，监督预算的执行情况，分析预算与实际执行的差异及原因，提出改进管理的意见与建议。

（4）企业内部生产、投资、物资、人力资源、市场营销等职能部门具体负责本部门业务涉及的预算编制、执行、分析等工作，并配合预算委员会或财务管理部门做好企业总预算的综合平衡、协调、分析、控制与考核等工作。其主要负责人参与企业预算委员会的工作，并对本部门预算执行结果承担责任。

（5）企业所属基层单位是企业预算的基本单位，在企业财务管理部门的指导下，负责本单位现金流量、经营成果和各项成本费用预算的编制、控制、分析工作，接受企业的检查、考核。其主要负责人对本单位财务预算的执行结果承担责任。

3. 预算的分类与预算体系

（1）预算的分类。

企业预算可以按不同标准进行多种分类：

①根据预算内容不同，可以分为业务预算（即经营预算）、专门决策预算和财务预算。

业务预算是指与企业日常经营活动直接相关的经营业务的各

种预算。它主要包括销售预算、生产预算、材料采购预算、直接材料消耗预算、直接人工预算、制造费用预算、产品生产成本预算、经营费用和管理费用预算等。

专门决策预算是指企业不经常发生的、一次性的重要决策预算。专门决策预算直接反映相关决策的结果，是实际中选方案的进一步规划。如资本支出预算，其编制依据可以追溯到决策之前搜集到的有关资料，只不过预算比决策估算更细致、更准确一些。例如，企业对一切固定资产购置都必须在事先做好可行性分析的基础上来编制预算，具体反映投资额需要多少、何时进行投资、资金从何筹得、投资期限多长、何时可以投产、未来每年的现金流量多少。

财务预算是指企业在计划期内反映有关预计现金收支、财务状况和经营成果的预算。财务预算作为全面预算体系的最后环节，它是从价值方面总括地反映企业业务预算与专门决策预算的结果，也就是说，业务预算和专门决策预算中的资料都可以用货币金额反映在财务预算内。这样一来，财务预算就成了各项业务预算和专门决策预算的整体计划，故亦称为总预算，其他预算则相应称为辅助预算或分预算。显然，财务预算在全面预算中占有举足轻重的地位。

②从预算指标覆盖的时间长短划分，企业预算可分为长期预算和短期预算。

通常将预算期在 1 年以内（含 1 年）的预算称为短期预算，预算期在 1 年以上的预算则称为长期预算。预算的编制时间可以视预算的内容和实际需要而定，可以是 1 周、1 月、1 季、1 年或若干年等。在预算编制过程中，往往应结合各项预算的特点，将长期预算和短期预算结合使用。一般情况下，企业的业务预算和财务预算多为 1 年为期的短期预算，年内再按季或月细分，而且预算期间往往与会计期间保持一致。

（2）预算体系。

各种预算是一个有机联系的整体。一般将由业务预算、专门决策预算和财务预算组成的预算体系，称为全面预算体系。

全面预算是由若干相互关联的预算组成的有机整体。财务目标一旦确定，企业就要根据各个预算之间的约束关系，按照一定的程序编制预算。

（3）编制全面预算的作用。

①明确目标。财务预算是具体化的财务目标。编制财务预算有助于企业内部各个部门的主管和职工了解本部门的经济活动与整个企业经营目标之间的关系；有助于明确各部门在业务量、收入和成本各方面应达到的水平和努力的方向，促使企业职工想方设法从各自的角度去完成企业的战略目标。

②协调作用。预算围绕着企业的财务目标，把企业经营过程中的各个环节、各个方面的工作严密地组织起来。通过编制全面预算使各个职能部门向着共同的、总的战略目标前进，它们的经济活动必须密切配合，相互协调，统筹兼顾，全面安排，搞好综合平衡。

③控制作用。财务预算的控制作用主要体现在三个方面：事前控制、事中控制和事后控制。事前控制，主要是控制预算单位的业务范围和规模，以及可用资金限额。事中控制是指在预算执行过程中，各有关部门和单位应以全面预算为根据，通过计量、对比，及时提供实际偏离预算的差异数额并分析其原因，以便采取有效措施，挖掘潜力，巩固成绩，纠正缺点，保证预定目标的完成。事后控制主要是将预算数和实际数对比，分析产生差异的原因，进行业绩评价，为今后预算工作的编制提供依据。

总之，编制全面预算是沟通企业内部情况的最重要的过程，它有助于全体职工明确奋斗目标，把各个职能部门的工作协调起来，均衡地为达成企业的总目标而奋斗；同时它也是控制日常经济活动的依据，评定工作业绩的标准。

如何编制现金预算

现金预算需要根据前面各种预算中涉及的有关现金收入和现金支出的资料编制，主要包括现金收入、现金支出、现金溢缺以及资金筹措与使用四部分内容。

现金收入包括预算期期初现金余额和预计现金收入。预计现金收入的主要来源是销售收入和应收款的收回，可从销售预算中取得数据。

现金支出包括预算期内预计可能发生的全部现金支出，如支付材料采购成本、直接人工成本、制造费用、销售及管理费用等，这些数据可从相关业务预算中获得；此外，还包括购置设备、支付所得税及股利分配等现金支出，这些数据可从相关专门决策预算中获得。

现金溢缺反映现金收入合计与现金支出合计的差额。如果差额为正，说明现金收入大于现金支出，现金出现多余，可用来偿还借款或进行短期投资；如果差额为负，说明现金收入小于现金支出，现金出现负数，需向银行借款或采用其他方式筹措资金。

资金筹措和使用是对预算期出现现金溢缺时所做的具体资金安排，包括向银行借款、偿还借款及利息、对外进行短期投资、收回投资及利息等。

编制现金预算的主要目的在于加强对现金流量的预算控制，

在现金不足时筹措资金，现金多余时及时处理现金余额，并提供现金收支的控制限额，以充分发挥现金管理的作用。为有计划地安排和调度资金，企业应尽可能缩短现金预算的编制时间。

预计财务报表亦称企业总预算，是控制企业预算期内资金、成本和利润总量的重要手段，主要包括预计利润表和预计资产负债表、预计现金流量表等。

（1）预计利润表。

预计利润表用来综合反映企业在计划期的预计经营成果，是企业最主要的财务预算表之一。编制预计利润表的依据是各业务预算、专门决策预算和现金预算。

【例】某公司 2016 年的预计利润表如下表所示：

表 4–1 某公司预计利润表

2016 年度　　　　　　　　　单位：元

项目	金额
销售收入	100 000
减：销货成本	48 000
销售毛利	52 000
减：销售及管理费用	36 500
利息费用	950
利润总额	14 550
减：所得税	6 800
净利润	7 750

（2）预计资产负债表。

预计资产负债表用来反映企业在计划期末预计的财务状况。它的编制需以计划期开始日的资产负债表为基础，结合计划期间各项业务预算、专门决策预算、现金预算和预计利润表进行编制。它是编制全面预算的终点。

【例】某公司 2016 年的预计资产负债表如下表所示：

表 4–2　某公司预计资产负债表

2016 年度　　　　　　　　单位：万元

资产项目	年初	年末	负债与所有者权益项目	年初	年末
流动资产			流动负债		
现金	3 100	3 725	应付账款	950	830
应收账款	4 000	6 000	流动负债总额	950	830
直接材料	250	275	长期负债	10 000	10 000
产成品	1 440	1 920	长期借款	10 000	10 000
流动资产总额	8 790	11 920	长期负债总额	10 950	10 830
固定资产	8 000	8 000	负债总额	10 000	10 000
土地	15 000	20 000	所有者权益	4 440	10 190
房屋及设备	—	—	普通股股本		
减：累计折旧	6 400	8 900	未分配利润	14 440	20 190
			所有者权益		
固定资产总额	16 600	19 100	总额		
资产总额	25 390	31 020	负债和所有者权益总额	25 390	31 020

优化企业的资本结构

企业资本结构优化是指通过对企业资本结构的调整，使其资本结构趋于合理化，达到既定目标的过程。

对于企业实行资本结构优化战略管理，使企业能够在资本结构优化的过程中，建立产权清晰、权责分明、管理科学的现代企业制度。优化企业在产权清晰基础上形成的企业治理结构，对企业改革的成败具有重大的意义。对于股份企业上市公司，在资本结构优化的过程中，建立一种使约束与激励机制均能够有效发挥作用的合理的企业治理结构，促使企业实现企业价值的最大化，对于我国刚刚起步的资本市场的发育与完善而言，也是相当重要的。

1. 外部影响因素

（1）国家的发达程度。

不同发达程度的国家存在不同的资本结构。与其他国家相比，发展中国家在资本形成、资本积累和资本结构的重整过程中存在着制约资本问题的以下障碍：一是经济发展状况落后，人均收入水平低，资本流量形成的源头枯萎；二是发展中国家储蓄不足，金融机构不健全，金融市场不发达，难以将分散、零星的储蓄有效地转化为投资，进而形成资本。而在发达国家，健全、良好、完备、健康的金融组织机构、资本市场起着保障组织、汇集储蓄，使其顺利转化为投资的十分重要的中介作用。

（2）经济周期。

在市场经济条件下，任何国家的经济都处于复苏、繁荣、衰退和萧条的阶段性周期循环中。一般而言，在经济衰退、萧条阶段，由于整个经济不景气，很多企业举步维艰，财务状况经常陷入困难，甚至有可能恶化。因此，在此期间，企业应采取紧缩负债经营的政策。而经济繁荣、复苏阶段，经济形势向好，市场供求趋旺，多数企业销售顺畅，利润水平不断上升，因此企业应该适度增加负债，充分利用债权人的资金从事投资和经营活动，以抓住发展机遇。同时，企业应该确保本身的偿债能力，保证有一定的权益资本作后盾，合理确定债务结构，分散与均衡债务到期日，以免因债务到期日集中而加大企业的偿债压力。

（3）企业所处行业的竞争程度。

宏观经济环境下，企业因所处行业不同，其负债水平不能一概而论。一般情况下，如果企业所处行业的竞争度较弱或处于垄断地位，如通讯、自来水、煤气、电力等行业，销售顺畅，利润稳定增长，破产风险很小甚至不存在，因此可适当提高负债水平。相反，如果企业所处行业竞争程度较高，投资风险较大，如家电、电子、化工等行业，其销售完全是由市场决定的，利润平均化趋势是利润处于被平均甚至降低的趋势，因此，企业的负债水平应低一点，以获得稳定的财务状况。

（4）税收机制。

国家对企业筹资方面的税收机制一定程度上影响了企业的筹资行为，使其对筹资方式做出有利于自身利益的选择，从而调整了企业的资本结构。根据我国税法规定，企业债务的利息可以记入成本，从而冲减企业的利润，进而减少企业所得税，财务杠杆提高会因税收挡板效应而提高企业的市场价值。因此，对有较高边际税率的企业应该更多地使用债务来获得避税收益，从而提高企业的价值。

2. 内部影响因素

（1）企业规模。

企业规模制约着公司的资本规模，也制约着企业的资本结构。一般而言，大企业倾向于多角化、纵向一体化或横向一体化经营。多角化经营战略能使企业有效分散风险，具有稳定的现金流，不易受财务状况的影响，因而使企业面临较低的破产成本，在一定程度上能够承受较多的负债。纵向一体化经营战略能够节约企业的交易成本，提高企业整体的经营效益水平，既提高了企业的负债能力，同时也提高了内部融资的能力，因此对于实行纵向一体化战略的企业，无法确定其规模与负债水平的关系。对于实行横向一体化战略的企业，由于企业规模的扩张会提高产品的市场占有率，因此会带来更高、更稳定的收益，所以，可以适当提高企业的负债水平。

（2）资产结构。

1984 年，迈尔斯和梅勒夫在分析了管理者与外部信息不对称问题后认为，企业通过发行由抵押担保的债务可以降低债权人由于信息不对称带来的信用风险。因此，在有形资产作担保的情况下，债权人更愿意提供贷款，企业的有形资产越多，其担保的价值越大，因而可以筹集更多的资金。对于固定资产和存货等可抵押资产，其价值越大，企业可获得的负债越多。

资产结构会以多种方式影响企业的资本结构。根据有关学者的研究，有以下结论：一是拥有大量固定资产的企业主要通过长期负债和发行股票筹集资金。二是拥有较多流动资产的企业，更多地依赖流动负债来筹集资金。三是资产适于进行抵押贷款的企业举债较多，如房地产企业的抵押贷款就非常多。四是以技术开发为主的企业负债则很少。

（3）企业获利能力。

融资顺序理论认为，企业融资的一般顺序是首先使用内部融资，其次是债务融资，最后才是发行股票。如果企业的获利能力较低，很难通过留存收益或其他权益性资本来筹集资金，只好通过负债筹资，这样导致资本结构中负债比重加大；当企业具有较强的获利能力时，就可以通过保留较多的盈余为未来的发展筹集资金，企业筹资的渠道和方式选择的余地较大，既可以筹集到生产发展所需要的资金，又可能使综合资本成本尽可能最低。

（4）企业偿债能力。

通过流动比率、速动比率、资产负债率、产权比率、有形净值债务率等财务指标的分析，评价企业的偿债能力，同时还应考虑长期租赁、担有责任、或有事项等因素对企业偿债能力的影响。

（5）股利政策。

股利政策主要是关于税后利润如何分配的筹资政策。如果企业不愿意接受债券筹资的高风险和产权筹资的稀释作用，则可以考虑用内部积累的方式筹集投资所需的部分或全部的资金。如果企业决定采用内部筹资，则股利分配金额将会减少，负债水平将会降低。

（6）所有者和经营者对公司权利和风险的态度。

企业资本结构的决策最终是由所有者和经营者做出的。一般情况下，如果企业的所有者和经营者不想失去对企业的控制，则应选择负债融资。因为增加股票的发行量或扩大其他权益资本范围，有可能稀释所有者权益和分散经营权。同时，所有者和经营者对风险的态度也会影响资本结构：对于比较保守、稳健、对未来经济持悲观态度的所有者及经营者，偏向尽可能使用权益资本，负债比重相对较小；对于敢于冒险、富于进取精神、对经济发展前景比较乐观的所有者和经营者，偏向于负债融资，充分发挥财务杠杆的作用。

备用金最容易被挪用

备用金是企业、机关、事业单位或其他经济组织等拨付给非独立核算的内部单位或工作人员备作差旅费、零星采购、零星开支等用途的款项。预支备作差旅费、零星采购等用的备用金，一般按估计需用数额领取，支用后一次报销，多退少补。对于零星开支用的备用金，可实行定额备用金制度，即由指定的备用金负责人按照规定的数额领取，支用后按规定手续报销，补足原定额。

1. 备用金借支管理

（1）企业各部门填制“备用金借款单”，一方面财务部门核定其零星开支便于管理；另一方面，凭此单据支给现金。

（2）各部门零星备用金，一般不得超过规定数额，若遇特殊需要应由企业部门经理核准。

（3）各部门零星备用金借支应将取得的正式发票定期送到财务部门备用金管理人员（出纳员）手中，冲转借支额或补充备用金。

2. 备用金保管

（1）备用金收支应设置“备用金”账户，并编制“收、支日报表”送交经理查看。

（2）备用金定期根据取得的发票编制备用金支出一览表，及时反映备用金支出情况。

（3）备用金账户应做到逐月结清。

（4）出纳人员应妥善保管与备用金相关的各种票据。

3. 备用金预借、使用及报销流程

备用金的管理不论采用何种办法，都应严格备用金的预借、使用和报销的手续制度。

（1）定额管理。

定额管理是指按用款部门的实际需要，核定备用金定额，并按定额拨付现金的管理办法。用款部门按规定的开支范围支用备

用金后，凭有关支出凭证向财会部门报销，财会部门如数付给现金，使备用金仍与定额保持一致。一般对用于费用开支的小额备用金，实行定额管理的办法；对用于销售找零用的备用金，按营业柜组核定定额，并拨给现金。各柜组可从销货款中经常保留核定的找零款，不存在支出和报销的问题。

（2）非定额管理。

非定额管理是指用款部门根据实际需要向财会部门领款的管理办法。在凭有关支出凭证向财会部门报销时，作为减少备用金处理，直到用完为止。如需补充备用金，再另行办理拨款和领款手续。对用于收购农副产品的备用金，在集中收购旺季时一般采用非定额管理的办法，在淡季零星收购时则采用定额管理的办法，实行交货补款。

总而言之，无论实行哪种管理办法，都要建立健全备用金的领用、保管和报销等手续制度，并指定专人负责经管备用金。经管人员发生变动时，必须办理交接手续，以明确经济责任。

4. 备用金的会计核算

备用金的核算，可在“其他应收款”账户内核算，也可单独设置“备用金”账户。它属于资产类账户，借方登记增加数，贷方登记减少数，余额表示库存的备用金数额，并按照领用单位或个人设明细分类账户核算。

（1）预付及补充备用金时

借：其他应收款——备用金

贷：银行存款

（2）经审核报销时

借：制造费用、管理费用等

贷：其他应收款——备用金

（3）收回备用金余额时

借：库存现金

贷：其他应收款——备用金

支票结算更要注意“安全”

支票结算是指顾客根据其在银行的存款和透支限额开出支票，命令银行从其账户中支付一定款项给收款人，从而实现资金调拨，了结债权债务关系的一种过程。

1. 支票结算的特点

概括起来说就是简便、灵活、迅速和可靠。

（1）简便。是指使用支票办理结算手续简便，只要付款人在银行有足够的存款，他就可以签发支票给收款人，银行凭支票就可以办理款项的划拨或现金的支付。

（2）灵活。是指按照规定，支票可以由付款人向收款人签发以直接办理结算，也可以由付款人出票委托银行主动付款给收款人，另外转账支票在指定的城市中还可以背书转让。

（3）迅速。是指使用支票办理结算，收款人将转账支票和进账单送交银行，一般当天或次日即可入账，而使用现金支票当时即可取得现金。

（4）可靠。是指银行严禁签发空头支票，各单位必须在银行存款余额内才能签发支票，因而收款人凭支票就能取得款项，一般是不存在得不到正常支付的情况的。

2. 结算方式

（1）现金支票结算程序。

开户单位用现金支票提取现金时，由本单位出纳人员签发现金支票并加盖银行预留印鉴后，到开户银行提取现金；开户单位用现金支票向外单位或个人支付现金时，由付款单位出纳人员签发现金支票并加盖银行预留印鉴和注明收款人后交收款人，收款人持现金支票到付款单位开户银行提取现金，并按照银行的要求交验有关证件。

（2）转账支票结算程序。

付款人按应支付的款项签发转账支票后交收款人，凭支票存根贷记“银行存款”账户，借记对应账户。收款人审查无误后，填制一式两联进账单连同支票一并送交本单位开户银行，经银行审查无误后，在进账单回单上加盖银行印章，退回收款人，作为收款人入账的凭据，收款人据此借记“银行存款”账户，贷记对应账户。另一联和支票银行留存，作为划转款项和记账凭据。

3. 结算规定

（1）支票的使用范围。按照规定，凡是在银行开立账户的企业、事业单位和机关、团体、部队、学校、个体经营户以及单位所附属食堂、幼儿园等，其在同一城市或票据交换地区的商品交易、劳务供应、债务清偿和其他款项结算等均可使用支票。

（2）除定额支票外，支票一律记名。经中国人民银行总行批准的地区的转账支票还允许背书转让，背书转让必须连续。

（3）支票金额起点为 100 元。

（4）支票的付款有效期为 5 天（背书转让地区的转账支票有

效期为10天），从签发的次日算起，遇节假日顺延。过期支票作废，银行不予受理。

（5）签发支票要用墨汁或碳素墨水（或使用支票打印机）认真填写；支票大小写金额和收款人三处不得涂改，其他内容如有改动须由签发人加盖预留银行印鉴之一证明。签发缺印鉴或错账号的支票及签发的支票印鉴不符、账号户名不符、密码号不符的，银行处5%但不低于1000元的罚款。

（6）签发现金支票须符合现金管理规定。收款单位凭现金支票收取现金，须在支票背面加盖单位公章即背书，同时，收款单位到签发单位开户银行支取现金，应按银行规定交验有关证件。

（7）付款单位必须在其银行存款余额内签发支票，不得签发空头支票。空头支票是指签发的支票金额超过银行存款余额。签发空头支票要受到银行的处罚。对于签发空头支票，银行要处支票金额5%但不低于1000元的罚金。如果屡次发生，银行根据情节给予警告或通报批评，直至停止签发支票。

（8）不准签发远期支票。远期支票是指签发当日以后日期的支票。因为签发远期支票容易造成空头支票，所以银行禁止签发远期支票。

（9）不准出租、出借支票。

（10）已签发的现金支票遗失，可以向银行申请挂失；挂失前已经支付的，银行不予受理。已签发的转账支票遗失，银行不受理挂失，但可以请收款单位协助防范。

【案例解读】晨熙贸易公司来往账目

1. 延期做收入。

晨熙贸易公司是一家商贸企业，为一般纳税人，对山高贸易公司持股30%，为关联企业。该公司在2016年与甲公司签订购销合同，合同约定100万元的货款（不含税，成本80万元），于2016年12月1日发货，甲公司于当年的12月31日前支付货款。由于甲公司逾期未支付货款，晨熙贸易公司也就未向其开具发票，同时未将该笔收入在相应会计期间进行申报。2017年2月1日，晨熙贸易公司收到甲公司发出的117万元货款，同时向其开具增值税专用发票，并于当期申报该笔收入。

解析

晨熙贸易公司按照发票开具时间确认收入是对还是错？根据《中华人民共和国增值税暂行条例》第十九条第一款："销售货物或者应税劳务，为收讫销售款项或者取得索取销售款项凭据的当天；先开具发票的，为开具发票的当天。其中，采取赊销和分期收款方式销售货物，为书面合同约定的收款日期的当天。"所以晨熙贸易公司应在2017年1月按规定申报该笔收入。

正确的会计分录为：

2016年12月1日

借：发出商品 800 000

贷：库存商品 800 000

2016年12月31日

借：应收账款 1 170 000

贷：主营业务收入 1 000 000

应交税费——应交增值税（销项税额）170 000

这里请各位会计注意：延期做收入不是小事，不单违反了相关规定需重新更正申报，还得加收滞纳金，严重者将被处以罚款。

2. 无法偿还的应付款项未结转收入。

晨熙贸易公司存在一笔挂账3年以上的应付账款500万元，该笔账款为2013年1月欠乙公司的货款，乙公司已于2016年1月1日对该笔账款进行了债务豁免,但晨熙贸易公司至今未做任何处理。

解析

根据《中华人民共和国企业所得税法》第六条、《中华人民共和国企业所得税法实施条例》第二十五条规定，企业取得财产（包括各类资产、股权、债权等）转让收入、债务重组收入、接受捐赠收入、无法偿付的应付款收入等，不论是以货币形式还是非货币形式体现，除另有规定外，均应一次性计入确认收入的年度计算缴纳企业所得税。

因此，晨熙贸易公司对该笔应付账款应于2016年转为收入，并计入2016年的应纳税所得额。

相关会计分录如下：

2016年1月31日

借：应付账款 5 000 000

贷：营业外收入 5 000 000

借：营业外收入 5 000 000

贷：本年利润 5 000 000

这里请各位会计注意：债务豁免得按规定计入当年应纳所得税额，千万不要以为不做调整就没有风险，因为此科目是税务机关核查的重点!

3. 应收账款计提坏账准备的风险。

晨熙贸易公司于2015年向丁公司销售一批货物产生应收账款500万元，2016年预计无法收回该笔货款，在2016年9月30日计提了坏账准备2.5万元（采用备抵法核算坏账，且计提坏账比例为

5‰，不考虑其他业务)，在2016年计算企业应纳税所得额时，扣除了该笔金额。

解析

根据《中华人民共和国企业所得税法》第八条、第十条，《中华人民共和国企业所得税法实施条例》第三十二条、第五十五条规定，未经核定的准备金支出不得扣除，符合规定并经税务机关核定的坏账损失可在税前扣除。

晨熙贸易公司的该笔坏账准备未经税务机关审核且并非实际发生的损失，只是对资产计提的减值准备，因此不得在税前扣除。

这里有个问题，如果真发生坏账损失怎么办?

若企业实际发生了坏账损失，可按《企业资产损失所得税税前扣除管理办法》(国家税务总局公告2011年第25号）的规定确认，并向主管税务机关进行资产损失专项申报方能进行税前扣除。坏账损失的确认证据材料包括：

(1) 收、预付账款发生的原始凭据（包括相关事项合同、协议或说明，以及会计凭证)；

(2) 人民法院的判决书或裁决书或仲裁机构的仲裁书，或者被法院裁定终（中）止执行的法律文书；

(3) 资产损失的会计处理凭证，等等。

4. 股东借款的风险。

晨熙贸易公司的股东杨小强于2015年1月向企业借款300万元，计入其他应收账款，该笔款项至今未归还，并且该笔款项也未用于企业经营。

解析

依据《财政部 国家税务总局关于规范个人投资者个人所得税征收管理的通知》(财税〔2003〕158号）规定：纳税年度内个人投资者从其投资企业（个人独资企业、合伙企业除外）借款，在该纳税年度终了后既不归还，又未用于企业生产经营的，其未归还的借款可视为企业对个人投资者的红利分配，依照“利息、股息、红利所得”项目计征个人所得税。

对于股东杨小强向晨熙贸易公司借走的300万元可视同分红，需补缴个人所得税。

5. 关联公司间无偿借款的风险。

晨熙贸易公司存在一笔其他应收账款共计500万元，该笔款项是其于2016年1月1日借与其关联公司山高贸易公司，未作任何借款合同或者书面协议，且从未向山高贸易公司收取利息。（银行同类同期借款年利率为5%，按年计提利息）

解析

（1）根据《关于全面推开营业税改征增值税试点的通知》（财税〔2016〕36号）第十四条规定，单位或者个体工商户向其他单位或者个人无偿提供服务，但用于公益事业或者以社会公众为对象的除外，视同销售服务。

晨熙贸易公司对于山高贸易公司的500万元借款不收取利息，视同销售服务，需计征增值税。

相关会计分录如下：

2016年1月1日

借：其他应收账款——山高贸易公司 5 000 000

贷：银行存款 5 000 000

年底计提利息时：企业无偿提供服务，不确认收入，只产生纳税义务。

借：营业外支出 15 000

贷：应交税费——应交增值税（销项税额）15 000

（2）根据《中华人民共和国税收征收管理法》第三十六条、《中华人民共和国企业所得税法》第四十一条规定，企业与其关联方之间的业务往来，不符合独立交易原则而减少企业或者其关联方应纳税收入或者所得额的，税务机关有权按照合理方法调整。

无偿借款不符合独立交易原则，但也不属于所得税中的视同销售服务，因此晨熙贸易公司在申报所得税时，对应的营业外支出（无偿借款不属于公益性捐赠）不得在税前进行扣除，需对应纳税所得额调增15 000元。

另外，根据《关于全面推开营业税改征增值税试点的通知》（财税〔2016〕36号）的附件3《营业税改征增值税试点过渡政策的规定》：统借统还业务中，企业集团或企业集团中的核心企业以及集团所属财务公司按不高于支付给金融机构的借款利率水平或者支付的债券票面利率水平，向企业集团或者集团内下属单位收取的利息免征增值税。统借方向资金使用单位收取的利息，高于支付给金融机构借款利率水平或者支付的债券票面利率水平的，应全额缴纳增值税。

|第五章|

F I N A N C E

企业预算如何真正落地

5

财务预算管理是企业财务管理工作的具体化。它涵盖了成本管理、销售管理、资金管理等诸多方面的内容，是企业经济链条中的首要环节，也是在市场经济条件下，财务工作由被动的核算型向主动的管理型转变的一项突破。

预算是现代企业下一步发展战略与经营目标的细化发展的要求，预算管理是企业发展的重要保证机制，是企业经营过程中最主要和有效的内部控制机制，是财务集中控制的重要一环。

小企业是否需要做预算

财务预算管理是指企业开展的财务预算编制、报告、执行、调整与控制等一系列管理活动，以确保实现年度经营目标。财务预算管理是单位为实现既定的经济目标，通过编制预算、内部控制、考核业绩所进行的一系列财务管理活动，它贯穿于单位财务预算的编制和执行全过程，预算管理质量的优劣直接关系到单位总体目标的实现。

财务预算管理是企业财务管理工作的具体化。它涵盖了成本管理、销售管理、资金管理等诸多方面的内容，是企业经济链条中的首要环节，也是在市场经济条件下，财务工作由被动的核算型向主动的管理型转变的一项突破。

预算是现代企业下一步发展战略与经营目标的细化发展的要求，预算管理是企业发展的重要保证机制，是企业经营过程中最主要和有效的内部控制机制，是财务集中控制的重要一环。因此，我们要理顺预算管理体制，划清预算工作界面，强化管理预算基础工作，科学测算预算定额，使预算实现对各业务计划和规划的归纳与综合，确保预算贯穿企业整体经营战略。

1. 财务预算管理的作用

财务预算是企业预算管理的关键，实行财务预算管理是企业资本经营机制运行的必然需要，企业要进行资本经营，必然要引入财务预算管理机制。财务预算与企业现金收支、经营成果和财务状况有关，并反映出各项经营业务和投资的整体计划。其主要作用表现在以下几个方面。

（1）促进企业经营决策的科学化，提高企业综合盈利能力和企业的综合管理水平。

财务预算管理以市场为导向，是连接市场与企业的纽带和桥梁。通过财务预算管理，可以合理配置企业内部资源，以保证最大限度满足市场需求，在长期市场上获得最大收益。

首先，通过财务预算管理可以控制成本费用，降低成本费用是提高经济效益的关键，从而为直接提高企业经济效益奠定了坚实的基础。

其次，财务预算管理实行程序化管理，指标层层分解，落实到各责任单位，将经济效益目标落到实处，为提高企业经济效益提供了可靠的保证。

最后，财务预算管理与其他管理相结合，为提高经济效益提供了广阔的空间和充足的时间。

因此，财务预算管理能够减少决策盲目性，降低决策风险，合理地挖掘现有资源潜力，努力使决策达到科学化，使企业的行为符合市场的客观需求，进一步提高企业的综合盈利能力。

（2）可以有效地规避财务风险。

财务预算管理是在科学经营预测与决策的基础上，围绕企业战略目标，对一定时期内企业资金的筹集、使用、分配等财务活动所进行的计划与规划，使生产经营活动按照预定的计划与规划进行流转和运动，以实现企业理财目标的有效管理机制。因此财务预算既着眼于公司资金的运用，同时又指导公司的筹资策略，合理安排公司的财务结构。企业的财务预算就是要处理好资产的营利性和流动性，财务结构的成本和风险的关系。而财务预算可以提供现金流量预算，使经营者能够及早采取措施，为企业合理规避财务风险提供有力保障。

2. 财务预算管理的内容

（1）财务预算管理是利用预算对企业内部各部门、各单位的各种财务及非财务资源进行分配、考核、控制，以便有效地组织和协调企业的生产经营活动，完成既定的经营目标。

企业财务预算是在预测和决策的基础上，围绕企业战略目标，对一定时期内企业资金取得和投放、各项收入和支出、企业经营成果及其分配等资金运动所做的具体安排。而财务预算与业务预算、资本预算、筹资预算共同构成企业的全面预算。

（2）企业财务预算应当围绕企业的战略要求和发展规划，以业务预算、资本预算为基础，以经营利润为目标，以现金流为核心进行编制，并主要以财务报表形式予以充分反映。

（3）企业财务预算一般按年度编制，业务预算、资本预算、筹资预算分季度、月份落实。

（4）企业应当重视财务预算管理工作，将财务预算作为制定、落实内部经济责任制的依据。企业财务预算管理由母公司组织实施，分级归口管理。

（5）企业编制财务预算应当按照内部经济活动的责任权限进行，并遵循以下基本原则和要求：

· 坚持效益优先原则，实行总量平衡，进行全面预算管理；

· 坚持积极稳健原则，确保以收定支，加强财务风险控制；

· 坚持权责对等原则，确保切实可行，围绕经营战略实施。

很多企业不是饿死的，是撑死的

企业是怎么死的？

记得外国一位营销大师所说：大多数企业不是饿死的，而是消化不良撑死的。

所谓消化不良撑死，就是因为企业上了规模之后，信心极度膨胀，于是进行扩张进行兼并，什么赚钱就来什么，最终的结果自然是上下不通气，一命呜呼，就算有口气，也已成老朽。

巨人是怎么倒下的？春兰又是怎么成为破落户的？多如牛毛的企业如荣事达、澳柯玛为何总是长不大？海尔为什么顶着个第一品牌的帽子，而业绩永远难望格力项背？

因此，很多时候，真正具备工业精神的专注企业，尤为显得可贵。

波特曼咖啡——企业主营中餐、西餐、快餐以及橄榄油等多个行业，但自身经营能力不足最终导致企业倒闭。在波特曼咖啡品牌逐渐形成后，业主为转型扩张开了数十家快餐店，“投入大量资金后却没有及时回本，之后他又推出主营海鲜的港尚记酒店，也出现了巨额亏损，同时他又投入资金开出4家卖橄榄油的店，使得自身资金周转越发困难”。

乐清三旗集团——经营战线过长又遇内部变动陷入破产境地。近年来，乐清三旗集团除经营电缆及相关上下游产业外，还涉及塑胶、房地产、酿酒等行业，由于行业过广，导致资金不足；“同时，企业内部经营管理层发生纠纷导致管理层变动，再遇原材料价格大幅涨价，最终导致企业陷入经营困难濒临破产”。

预算的管理模式

企业财务预算管理结构是财务预算运作模式的确定依据，因为预算是一种人的行为，财务预算管理体系的运作也就表现为对人的行为管理。美国管理会计大师卡普兰教授认为，预算中的行为与企业的组织结构有直接的关系，他将这一关系分解为两种类型，即集权管理模式和分权管理模式。

所谓集权管理模式，是建立在泰勒的科学管理学说之上的三个假设：

第一，企业的目标是利润最大化，所有的企业经营活动都围绕着这个目标进行；

第二，人是经济意义上的人，其行为主要受经济利益的驱使；

第三，管理者的职责是保证企业实现利润最大化。

根据以上三大假设，企业财务预算管理体系的运作也就是分解利润目标，落实责任，制定激励措施，帮助企业管理层监督与控制员工的行为。在这一运作模式下，所有的决策都由企业高层管理者做出，而无须征求下属执行者的意见。集权管理模式是一种有效的管理模式，但是需要有一个好的企业管理机制作为基础，要使这个预算管理体系中的每一方面都能考虑到其行为引致的结果。

所谓分权管理模式，是根据现代企业规模不断扩大、生产管理系统日趋复杂的情况下产生的。其强调企业下属执行者（各基层单位、职能部门）是一个责、权、利相结合的经济实体，并提出了与之相适应的三大假设前提：

第一，企业是由多个人组成的一个群体，而这一群体处在不断变化的外界环境之中；

第二，企业目标在很大程度上受到人的需求动机的驱使；

第三，企业最高管理层是一个决策机构，他们通过各种预测、控制和激励手段来影响员工的行为。

在分权管理模式下，财务预算管理体系运作的明显特点是：大大提高了财务预算指标的现实性与可靠性，大大激发了下属执行预算的自觉性；部门与部门之间、个人与个人之间的信息得以充分交流，个人的预算目标在企业预算目标中得以充分地显示，并且使企业内部的资源有可能得到最佳的配置。可见，分权式管理模式是探索、寻求人的需求，激发这个预算管理体系中的每一部分，发掘人的无穷大的潜力，只要找到这样一种机制，就能取得良好的结果。

总之，集权管理模式和分权管理模式各有利弊，分别适合于不同阶段、不同组织结构的企业，必须根据企业所处的经济市场环境决定具体采取何种财务预算管理模式。针对我国企业组织结构冗余、信息化水平低以及决策效率不高等客观情况，我国企业应当采用财务预算分权管理模式。其应用形式如下：

1. 组织机构建设

总经理对财务预算的管理工作负总责，董事会可以根据情况设立财务预算委员会负责财务预算管理事宜，并对总经理直接负责；财务预算委员会主要拟订财务预算的目标、政策，制定财务预算管理的具体措施和办法，审议、平衡财务预算方案，组织下达财务预算，协调解决财务预算编制和执行中的问题，考核财务预算的执行情况，督促完成财务预算目标。

此外，财务预算委员会还应在总经理的领导下，具体负责组织企业财务预算的编制、审查、汇总、上报、下达、报告等具体工作，跟踪监督财务预算的执行情况，分析财务预算与实际执行的差异及原因，提出改进管理的措施和建议；市场部、生产部、采储部、人力资源部、质量管理部、技术部、安全管理部、财务管理部、经理办公室、党群工作部等职能部门具体负责本部门业务涉及的财务预算的编制、执行、分析、控制等工作，并配合财务预算委员会做好企业总预算的综合平衡、协调、分析、控制、考核等工作，其主要负责人参与企业财务预算委员会的工作，并对本部门财务预算执行结果承担责任。

2. 财务预算管理模式应用

财务预算在分权管理模式下，应当按照“上下结合、分级编制、逐级汇总、全员参与”的原则进行编制，其具体程序为：

（1）制定财务预算管理目标。

董事会根据企业在预算期内的发展战略和经济形势的初步预测，在决策的基础上提出下一年度企业财务预算目标，包括销售目标、成本费用目标、利润目标和现金流量目标，并确定财务预算编制的政策，由财务预算委员会下达各预算执行单位。

（2）各预算执行部门初步编制财务预算草案。

各预算执行单位结合自身特点以及预测的执行条件，按照企业财务预算委员会下达的财务预算目标和政策，填写各自的预算表格并上报至企业财务预算委员会。

（3）审批上报的财务预算草案，并形成财务预算决议。

财务预算委员会对各预算执行单位上报的财务预算方案进行审查、汇总时，应当进行充分协调，对于不符合企业发展战略或者财务预算目标的事项，财务预算委员会应当责成有关预算执行单位进一步修订、调整。在讨论、调整的基础上，形成所谓的修正的财务预算草案并提交董事会审批，最终形成财务预算决议。

（4）将财务预算决议下达执行。

财务预算决议一旦形成，对企业各个职能部门、高级管理人员及员工都具有约束力，由财务预算委员会逐级下达各预算执行部门执行。

（5）财务预算决议执行过程中的再调整。

正式下达执行的财务预算决议，要保证其权威性，一般应不予调整。各预算执行部门在执行中由于市场环境、经营条件、政策法规等发生重大变化，致使财务预算的编制基础不成立，或者将导致财务预算执行结果产生重大偏差等确需调整财务预算决议的，由提出调整预算的部门向财务预算委员会提出书面报告，阐述财务预算执行的具体情况、客观因素变化情况及其对财务预算执行造成的影响程度，提出财务预算的调整幅度。财务预算委员会对预算执行部门的财务预算调整报告进行审核分析，并编制财务预算调整后的现金预算及预算损益表，提交董事会审议批准，然后下达执行。

（6）财务预算管理的控制机制。

财务预算决议一经下达，各部门应认真组织实施，将财务预算指标层层分解，从横向和纵向落实到各个环节及岗位，形成全方位的财务预算执行责任体系。此外，务必建立健全财务预算执行情况的控制机制，及时向各预算执行部门及财务预算委员会以至董事会提供财务预算的执行进度、执行差异及其对财务预算目标的影响等财务信息，保证财务预算目标的顺利完成。

预算执行、落地、考核三大误区

全面预算管理方案明确了目标，但在执行时还要做到“目标明确、方法可行、沟通到位、流程合理、激励到位、考核有效”，预算才不是纸上谈兵，预算才能落地执行。

1. 部分企业的领导者对财务预算的认识程度不够

目前来看，部分企业的领导者对于财务预算管理的认知不够，对于财务预算管理只是片面的理解，认为财务预算只是制订一个计划，并没有从整个公司的运营来考虑，财务预算与企业现金收支、经营成果和财务状况有关，并反映出各项经营业务和投资的整体计划。

财务预算的最终目标就是编制合并财务报表，从而为企业的全面预算管理服务，但是领导层往往将这些层面隔离开来，仅仅当成一个形式，并没有认识到其与企业绩效的关联性。因此，企业领导层应该更加重视财务预算管理的重要性。

2. 企业财务预算失去其应有的监督与激励作用

财务预算只是企业全面预算的一部分，在进行财务预算的过程中要注意与其他部门进行配合，但是在现实中往往出现各部门缺少协调的情况，这样就缺少了其他部门对整个财务预算的监督，往往只是财务部门单独行事，使预算失去它控制费用的作用。企业编制财务预算的目的就是为了防范风险，更好地实现公司的经营目标。

可是现实中很多企业编制的预算没有与企业集团的发展目标相一致，使得公司的短期目标脱离了长期目标，将短期目标扭曲，进而影响企业的长期发展。而且企业财务预算过于松弛，公司的经营者为了自己的利益进行会计造假，使公司的发展潜力受到损害。

预算的松弛还会影响公司的业绩评价，使得预算反馈不及时，预算不能实现时还不及时做出调整，预算与市场相脱离，整个预算指标体系难以被市场所接受，不合理的预算指标使得考核缺乏客观性和公正性。

3. 企业资金管理中存在问题

目前虽然很多企业建立了财务预算管理制度，但是预算往往不完整，企业资金流动缺乏统一的筹划和控制，企业目前费用预算的超支时有发生，使预算的严肃性受到损害。在考核指标的设置上单纯偏向于一个方面，考核指标不具体，有的指标单纯追求利润，忽视风险。有的企业在制定财务预算时，仅限于营业收入及成本支出的预算，而对于企业的资本性支出及现金流量等方面的预算制定得却很少。

超预算的情况时有发生，考核不严格，惩罚不分明，对预算执行结果的考核缺乏应有的措施。市场是错综复杂、瞬息万变的，企业的资金预算必须充分考虑这种多变性，对其管理的内容做出系统性、全面性的安排。当市场的激烈竞争改变了事先的估计和假设时，企业的应变措施是以调整预算或加大预算执行力度或两者并行等方式来以变应变、以动制动，增强对市场的适应能力，确保预算目标的实现。

如何制定预算才不会务虚

财务预算情况说明书是对年度财务预算报表的补充说明，是评估财务预算报表编制质量的重要依据，是年度财务预算报表的重要组成部分。那么如何制定预算呢?

1. 提高企业的领导层对于财务预算管理的认知程度

目前，部分企业对财务预算管理的认识程度不够，因此，下一步就要提升领导者对企业财务预算管理的认识程度。企业最高领导层的认识程度决定了财务预算管理的实施力度。

因此，要让领导者从企业治理以及企业管理创新的高度来认识财务预算管理，首先要让领导者重视起来，建立各级预算管理的组织体系，健全从预测、决策到执行、监督、考核，按各级责任层次划分的责任制，做到权责明确，管理到位。这样既有利于规范财务预算管理活动，指导财务预算管理的实施并控制经济活动全过程，又有利于企业财务预算管理控制，管理制度约束和监督、检查、考核有机结合。其次，要借鉴国外的经验，在企业成立一个专门的预算委员会，由领导者亲自挂帅，让预算在权力方面有一定的保障，使预算顺利推行，从而保证经济资源充分利用，企业经营管理水平不断提高。

2. 建立有效的激励与约束机制，定期检查预算的执行情况

财务预算管理的考核奖惩制度应是一种责、权、利相统一，分级负责的管理方式。通过建立严密的预算管理组织机构，强化对各部门预算执行过程和结果的监督、控制、管理和考评。这样，就可以避免由于内部管理不善、控制薄弱而造成的经济损失。在激励机制的设置上，应该将考核的目标定位在对费用以及成本的控制上，因为财务预算最主要的目的就是为企业最有效地节省资金，或者说使企业资金得到效用最大化，要细致分解各项指标，科学确定财务预算管理的责任单元。

通过预算管理，强化企业内部管理，发展内部控制。将企业所有的经济活动都纳入到预算管理的环节中，通过自上而下、自下而上的指标细致分解、层层落实，使各个部门的方向明确、责权利清晰。其次，为了实现目标，企业必须定期对预算执行情况进行监督检查，分析存在的差异，按照经济责任制落实奖罚措施，

并把预算指标的完成情况作为考核预算指标责任人工作业绩的硬性指标。做到事前、事中控制，还要做到事后分析，对年度财务预算的执行情况，要结合年终财务结算的编审情况，搞好综合分析。对每项预算的执行情况都要做出详细的分析说明及评价。

3. 强化企业的资金管理，建立行之有效的政策

企业财务管理的核心是资金，资金是企业的血液。在进行财务预算时，应处理好资产结构中的营利性与流动性、资本结构中的成本与风险的关系，合理地规划与控制企业的现金流量，避免由于丧失偿债能力而导致经营失败。现在企业财务预算管理中资金常常会出现问题，领导者往往从自身的利益出发制定有利于自身的政策，这就严重地影响了企业的长远发展。

因此，财务预算管理是企业经营过程中最重要和有效的内部控制机制，对于协调和优化企业资源，促进企业按照规划发展、协调行动、控制经营发展方向起着重要作用。加强财务管理，实施有效的成本控制，是科学细化施工企业管理的关键环节，对工程实行项目管理、独立核算、全面预算管理，加强工程项目成本控制，提高资金使用效益，实现企业价值最大化，在竞争中不断发展壮大。

同时，建立有效的考核体系和预警体系是预算执行的有力保障，必须对预算执行结果进行跟踪、分析和考核，通过考核和预警体系使非正常业务活动消灭在萌芽中，减少企业不必要的损失。

【案例解读】博深工具股份有限公司的预算方案

特别提示：公司 2015 年度财务预算指标不代表公司盈利预测，能否实现取决于市场状况变化、经营团队的努力程度等多种因素，存在很大的不确定性，请投资者特别注意。

2015 年，公司将通过厂区整合、生产优化和管理转型，挖掘潜力，节约成本，降低费用，提高经营管理水平，同时大力开拓国内外市场，确保公司持续、稳定、健康发展。根据公司 2015 年度经营工作安排，编制 2015 年财务预算方案如下：

1．2015 年度主要经营成果指标。

（1）预算收入。

2015 年预算合并营业收入 57 405 万元，其中国内贸易营业收入 29 862 万元，国际贸易营业收入 27 543 万元。较 2014 年实际分别增长 4.67%、6.94%、2.47%。

（2）预算利润。

2015 年预算合并利润总额 4952 万元，归属于母公司股东的净利润 4416 万元，较 2014 年实际分别增长 54.17%、44.36%。扣除非经常性损益后归属于母公司股东的净利润 4385 万元，较 2014 年实际增长 64.11%。

预算合并销售毛利率 32.18%，期间费用比率 22.13%，销售净利率 7.69%。销售毛利率、期间费用比率、销售净利率较 2014 年实际分别增长 2.07、-1.12、2.11 个百分点。

2．2015 年度预计财务状况。

截至 2015 年 12 月 31 日，公司预计资产总额 125 293 万元，负债总额 18 819 万元，所有者权益总额 106 474 万元。较上年同期分别增加 23 930 万元、-2744 万元、26 674 万元，增长比率分别为 23.61%、-12.72%、33.43%。

3．2015年资金筹集及使用情况。

2015年预计经营活动产生的现金净流量14 731万元，比2014年实际增加3002万元。2015年，公司预算购建固定资产、无形资产等长期资产支付现金5313万元，较2014年实际增加3896万元。

|第六章|

F I N A N C E

会经营更要会经营财务人员

6

一个不称职的领导，可能有三条出路。第一条出路是申请退职，把位子让给能干的人；第二条出路是让一位能干的人来协助自己工作；第三条出路是任用两个水平比自己更低的人当助手。

当一个领导者不在乎下属超越自己，不担心下属取代自己，大胆地任用强于自己的下属时，这家企业才会有希望，才能进一步做大做强。

健全的财务制度是基础

企业财务管理是企业一切管理活动的基础，是企业管理的中心环节。当前，我们面临的突出问题是经济增长的质量和效益不高，尚未根本摆脱粗放经营的方式，突出表现在资金结构不合理、费用增支、潜亏增加，而所有这些，都与企业内部管理有关。

对企业中存在的这些问题，应着力于建立和健全内部财务管理制度，以狠抓内部财务管理制度来带动企业管理水平的提高。

1. 建立健全各项财务管理工作制度，提高管理整体水平

企业内部各项财务管理基础工作制度包括：原始记录管理及填报制度、定额管理制度、计量验收制度、财产物资管理及清查盘点制度、价格管理制度、财务预算制度和财务分析制度。根据财务管理基础工作的要求，企业应实行岗位责任制，规定每个职工必须做什么、什么时候做、在什么情况下应怎么做，以及什么不能做、做错了怎么办等细则。这样，每个岗位的每个责任者对各自承担的财务管理基础工作都清楚，要求人人遵守。通过实施这些制度，能够有效地加强企业在经营环节中的原始记录、计量、消耗、定额、验收等工作，提高企业管理整体水平。

2. 建立健全商品购销存环节管理办法，规范企业流动资产管理行为，健全内部约束机制，确保资产完整和增值

（1）在商品购进环节，制定《规范进货行为规定》《进货货款管理办法》和《进货过程管理办法》，来规范企业进货决策和进货行为，把好进货关。

《规范进货行为规定》的主要内容是，进货决策按照下列程序进行：第一步，进货人员提出进货商品的品名、规格、进货单位、数量、进价和预计销价、预计全部销完时间、毛利、利润等情况；第二步，各职能部门提供进货商品的适销、价格、库存等情况；第三步，决策人员根据进货人的意见和各职能部门的资料综合分析，进行决策。

针对货款的安全性问题，在《进货货款管理办法》中明确规定了货款支付程序和货款审批权限，落实进货责任，确保资金安全与完整，防止商业诈骗。

针对进货中的回扣问题，在《进货过程管理办法》中明确规定，在购销业务中的返利和回扣一律入账，严禁各经营部私设小金库或个人私拿回扣。

（2）在商品销售环节，制定《销售货款管理办法》，目的是加快销货款回收。对已销商品货款，本着“谁销售，谁负责收款”的原则，做到钱货两清；对代销商品，要充分了解代销方资信情况，要签订合同，明确付款期限。这样既扩大了销售，又保证了资金安全。

（3）在商品储存环节上，建立《商品排查制度》，每月全面排查一次，专项排查及时进行。在保证销售的前提下，大力推广小库存和零库存，使商品做到适销对路、勤进快销。

3. 建立和健全自我扩张和自我约束的企业财务机制，确保企业持续、稳定、协调发展

（1）建立与企业的总体发展目标相配合的滚动式三年财务计划。引入全面预算管理办法，在全面预算的基础上编制出企业滚动式财务预算，以便在资金上“长计划、短安排”，处理好留存、举债、吸收或对外投资几个方面的关系。

（2）加强资金日常调度与控制，继续推行定额管理、指标控制、完善内部银行等一整套办法，落实内部各层次、各部门的资金管理责任制。尽量避免无计划、无定额使用资金。

（3）企业负责人更迭，其任期目标应遵循企业总体发展目标，以保证滚动式财务计划实施的连续性、协调性。

4. 根据企业的生产经营特点和管理的客观要求，严格执行企业内部财务管理和会计监督

（1）关于资产的安全和增值问题。

在制定内部财务管理办法时，首先考虑的是资产的安全和合理运用，使之发挥最佳的经济效益。制度明确规定“因业务需要领用支票或汇票，须填写业务用款通知单，写明原因，并经部门负责人签字，凡用款在万元以上的以及需要预付货款的，必须由公司经理审批”。这样，资金的使用权基本集中在公司最高决策层，防止和避免了一些可能发生的风险及损失。

（2）关于落实企业内部责任问题。

应建立内部责任会计制度，对各部门的经营收益、成本费用、部门利润进行分别核算。此外还需建立和健全企业内部的部门承包经营责任制，使各业务部门对自己一年的任务、目标做到心中有数。这对于调动各部门的积极性，努力做好做足生意，节约费

用开支是有促进作用的。但承包不等于放弃管理，还必须建立一套内部的约束机制。因此，在内部制度中要明确规定各部门的权利责任，做到分级负责、职责分明、相互制约。

（3）关于会计监督问题。

会计监督不单纯是对一般费用报销的审查，而应贯穿于企业经营活动的全过程，从企业的经营资金筹集、资金运用、费用开支、收入实现，一直到财务成果的产生。为了保证会计监督作用的正常发挥，应在制度中规定："公司财会部门在公司总经理直接领导下进行工作，严格按照制度办事，做好财务管理基础工作，正确核算，如实反映公司财务状况和经营成果，依法计算和交纳国家税收，维持投资者权益，并接受主管财政机关的监督检查。""凡违反国家财经纪律，违反'两则''两制'和本公司规章制度的行为，本公司财会部门有权拒绝执行。"从而强化了会计监督职能，保证了制度的落实和有效执行。

内控，内控，内控

企业内控是企业为保证经营管理活动正常有序、合法地运行，采取对财务、人、资产、工作流程实行有效监管的系列活动。

企业内控的目的是保证企业资产、财务信息的准确性、真实性、有效性、及时性；保证对企业员工、工作流程、物流的有效管控；建立对企业经营活动的有效监督机制，保证企业良好的自我调节能力。

1. 企业内控需要三步走：预测—控制—监督

（1）预测。企业管理层根据资产、财务，以及企业经营活动中产生的各种数据，经过识别、分析，得出企业经营发展的相关风险，合理确定各种风险的应对策略。

（2）控制。以企业预测结果为导向、以流程管理为方法，针对已经或者将要发生的风险进行提前控制。具体的控制对象包括：人力、财务、资源、工作流、物流等企业经营活动中产生风险的对象。通过E化的流程，企业可以做到任何工作流的有迹可循、经营活动的相对透明、财务的严谨真实。

（3）监督。企业内控监督是保证企业内控措施有效实行的必要手段。企业内控监督的对象包括：企业人力监督：管理层与管理层、员工与员工、管理层与员工之间的相互监督；财务监督：公司对财务报表、流程、资金流等要求相对透明化，即企业和员工对企业财务管理享有的知情权；工作流监督：企业对经营活动的绝对监督，以E化的流程为基础，保证经营活动的透明化管理，把握细节才能保证企业的正常发展。

2. 企业内控的实现途径

作为企业面临的新问题，企业内控如何实现，是企业和市场都急需解决的问题。经过实践证明，通过对企业实行流程管理的改革，可以有效地帮助企业实现企业内控。

基于整个大的市场环境，某专业咨询公司经过多方论证、实践，总结出了流程咨询、E化一体化的解决方案：

（1）流程咨询帮助企业搭建良好的内部环境，规划企业内控的流程、制度、措施。

（2）流程E化保证企业内控的显性化、准确化、真实化，帮助企业进行财务、资产、人力以及知识的透明化、数据化管理。

（3）以流程咨询和流程E化为基础，解决企业内部信息的有效、及时的采集、沟通。

加强财务人员的职业道德教育

会计人员职业道德是指会计从业人员在长期从事会计工作的实践中形成、积累并应遵循的处理会计业务活动的行为规范总和。一方面，新形势下提高会计人员职业道德素养是国家不断完善会计行业发展的要求。国家经济不断向前发展，规范会计行业的法律法规不断制定并完善，提高会计人员的职业道德素养是贯彻执行好国家财政法规和稳定国家经济秩序的有力保障，对我国法制国家和精神文明的建设有着重要的影响，也是提高我国整个会计行业队伍素质的保证。

另一方面，提高会计人员职业道德素养是完善企业会计发展的要求。现代企业制度在我国普遍确立，所有权和经营权的分离使得会计信息成为所有者了解企业发展状况的重要依据之一。因此，客观、真实的会计信息的反映对促进所有者做出合理决策及防止经营者谋取个人私利有着重要的影响。

1. 财务人员职业道德缺失原因分析

随着我国经济的发展，物质财富不断增加，各种社会诱惑也随之增加，而会计作为我国各职业岗位中有着关键性作用的职业，其工作人员在利益驱使或权力的胁迫下某些时候会进行一些违法违规行为的操作，如进行会计造假，伪造、篡改、隐匿会计资料，进行会计账簿、会计报表造假，以权谋私，利用职位之便谋取私利，贪污受贿、挪用公款等。造成该种现象的原因大体如下。

（1）财务从业人员自身素养有待加强。

从目前情况来看，我国高学历、高职业道德的会计从业人员数量不断增加，但我国会计行业从业人员整体职业道德素养水平却仍存在不足，有待提高，主要表现在：

①部分会计人员职业能力不强，在执行会计业务时墨守成规，不愿学习新的会计职业技能，对于新的会计思想、方法不愿接受，尤其是部分从事会计行业多年的老会计人员，不愿创新，不愿接纳新的事物，导致知识、技能老化，不能很好促进企业会计的发展，使之真正推动企业的发展。

②部分会计人员不能很好地主动学习，提高自身的工作能力和职业道德水平，他们甚至对国家最新出台的一些会计法律法规都不能很好地了解掌握。

③一些会计人员在利益面前经不住诱惑，不能很好地控制自己，坚持原则，做一些违法违规的事情；或存在上级领导因利益对会计人员进行施压，造成部分会计人员为了明哲保身，违反会计职业道德，为领导的私利服务。

（2）领导者原因。

多数会计人员是在企业上级的领导下开展工作的，一些领导者的意志往往会被强加给会计人员，如果某些上级领导的职业道德素养不高，就会导致一些会计人员放弃职业道德，为领导服务。如部分上级领导在各种利益驱使下或为了追求过高目标额的实现等满足一己私利的行为而放弃职业道德，利用职位之便胁迫会计人员为其私利服务，而部分会计人员会在利益的诱惑或领导者以将其辞退等行为的胁迫下放弃职业道德，利用职务之便进行会计信息造假等各种违规操作，致使会计信息失真，损害企业集体利益。

（3）会计人员职业道德教育重视不够。

经济发展，物质财富增加，各种利益诱惑随处可见，在如此物欲横流的社会背景下，增加会计人员的职业道德素养就显得更为重要。而目前我国关于会计人员职业道德教育的培养却不足，整个社会的职业道德重视度并不高，职业道德虽在工作实践中能够不断加强，但其本身的教育培养也不容忽视。

首先，学校对学生的职业道德教育不够重视，学校往往只注重对学生知识的培养，忽视了职业道德教育，而知识学习阶段价值观的培养，对以后进入职场有着重要的影响力。

其次，进入会计行业之后的职业道德教育多以公司培训为主，但公司培训也多为职业能力的培训，忽视了对职业道德的培训。对职业道德教育的不重视成为职业道德素养不高的重要原因之一。

（4）监督机制不完善。

虽然我国已制定出《会计基础工作规范》《会计从业资格管理办法》等法律法规来规范会计人员的行为，但关于会计人员违反职业道德的处罚办法的法律规定却仍不健全，无法达到对违反会计职业道德的人员实现严惩严办以警示的作用，导致部分会计人员无视法律的存在，铤而走险，谋取私利，法律对其监督存在一定的漏洞。我国对会计行为的其他监督还包括审计监督、财税监督等，但这些监督部门往往各自为政，缺少有效的沟通协作，不能真正地发挥对会计人员的有效制约。会计监督体系的不完善使得会计管理存在一些漏洞，而有些会计人员钻了会计管理的漏洞，进行一些违法违规操作，丧失了职业道德。

2. 提高会计人员职业道德素养的措施

（1）加强对会计人员的职业道德教育。

加强会计人员的职业道德教育包括三个方面：

首先，学校要加强对会计人才的职业道德教育。学校是会计从业人员在走进会计岗位前的专业学习阶段，在这一阶段形成的职业价值观对以后的学习、工作有重要的影响，因此，学校在加强学生的专业知识学习的同时也要加强对学生的职业道德教育，使从事会计工作的人才在走进职场之前就已经形成良好的会计职业道德素养，这对会计人员爱岗敬业、实现自身价值有着重要的作用。

其次，工作单位要重视会计人员的职业道德教育。这主要体现在工作单位对员工的培训上，工作单位除了要重视对会计人员的职业技能的进一步培训之外，也不能忽视了对员工职业道德的教育培训。

最后，自身加强努力。会计人员要不断提高自身的职业道德修养，不能只依赖于学校或工作单位的学习或培训，自己在日常的工作、生活中也要通过不断学习新的思想政治、道德要求，牢固树立正确的价值观，不断提高自身的职业道德修养。

（2）完善法律作用的发挥。

一方面，加强法律法规对会计人员的制约监督作用，促使法律法规真正地规范和制约会计人员的行为，严格遵守法律规范和明确的会计人员职权范围。对于各种违法违规现象，要依据法律规定进行严厉的惩戒，做到执法必严，违法必究，使得会计人员的违规成本大于违规收益，从而失去违规动机。在法律上要完善对一些授意或胁迫会计人员进行违规操作的上级领导惩罚的规定，在对其处罚程度上要大于会计人员。我们要真正做到既保护好投资人的利益，尽量减少因会计人员的一些不良行为对其造成的损失，又要做好对会计人员的保护，使其不在受威胁或领导授意的情况下做出损害人民或集体利益的行为，为会计人员更好地完成工作创造一个好的法律环境。

另一方面，加强会计人员对法律的学习，使其真正了解法律对于会计行业进行的相关规定，做到知法、懂法、守法，以避免部分会计人员在工作当中因不了解相关的法律规定而触犯了法律。

（3）建立健全监督机制，加强奖惩。

首先，完善公司内部对会计人员的监督。一方面，完善内部审计对会计人员的监督，通过对账务的审查来发现是否存在会计人员制造假账等行为；另一方面，还要加强会计与会计人员之间的监督，一旦发现其他会计人员存在违规操作，要立刻进行举报等。

其次，完善外部监督。主要是财税部门、会计师事务所、国家审计部门以及大众舆论等的监督，对会计人员实现全方位、多角度、多渠道的监督，实现会计人员的自律，减少或消灭会计违规行为。在加强对会计人员监督的情况下，要配以完善的奖励和惩罚措施。定期对会计人员的职业道德进行考核、评价，并进行奖励和惩罚，与升职、职称评定、工资等级等结合起来，从而促进会计人员不断提高工作效率、工作质量并加强自身职业道德建设。

（4）完善会计人员执业环境。

这里所谓的会计人员执业环境是指企业文化、会计人员及其领导者、整个会计行业的诚信度及职业道德水平。大环境影响小环境的发展，因而我们要加强企业文化的建设，如果一个企业拥有了良好的企业文化，就会带动整个企业员工职业道德的提高；会计人员自身也要不断提高职业道德，实现人与人之间的互相影响、互相进步；每个领导者对于员工的发展有着重要的影响力，如果领导者拥有较高的职业道德素养，就会带动下级员工不断进行学习，将其作为前进的榜样，这对于提高职业道德素养有着重要的影响力；如果整个会计行业的职业道德水平很高，每位会计人员作为其组成部分也会在大的发展环境下不断提高自身的职业道德水平，而个体职业道德水平的不断提高又会促进整个行业道德水平的提高。因此，完善各方面的职业道德，为会计人员创造一个良好的职业环境，是其提高自身职业道德素养的重要措施。

实物要经常盘点

盘点的目的是为了保证企业账、物、卡三相符，也是为了下一步物控、生产排计划做准备。显而易见，这样的工作非财务部门莫属，负责人非财务经理或财务总监不可，推诿或推让都是不负责任的表现。更进一步说，盘点是对实物使用人的监督检查。那么，让实物使用人自我盘点行吗？当然，盘点是一项牵涉面相当大的短时工作，时间要求紧、工作难度大，企业的任何单一部门都不能独立完成。因此，这就决定了盘点是企业的一项全员工作，上至总经理，下至普通员工，人人都得参加，个个都要投入，非如此无法在短时间内完成所有实物的盘查工作。

因此，概括起来说，盘点就是由公司财务部门发起，财务经理主持，各单位负责人配合组织，全员集中参与，通常在月末进行的一次性核查企业实物的短突工作。盘点是企业管理必不可少的环节，无盘点等于无管理。

1. 实物清查的要点

（1）在实物清查过程中，应将盘点的情况填制在相关的凭证上，并由参加盘点的人员和实物保管员共同签字。这些凭证是会计对财产清查结果进行账务处理的重要原始凭证。

（2）“盘存单”是记录盘点日期财产物资实存数量的书面证明。盘存单内实物的编号、名称、计量单位和单价应与实物明细账保持一致。为完整起见，应将盘点日期所有的商品存货填入盘存单，不得遗漏。

（3）由于实物品种规格很多，填制盘存单的工作量很大。在永续盘存制下，也可采用将明细账的结存数量与实物数量直接核对的方法，不填制盘存单。但采用实地盘存制，则必须填制盘存单。

（4）“账存实存对比表”是记录各种实物的账存数和实存数差异的原始凭证。财产清查中，对所有的实物溢缺情况，都应填制账存实存对比表。此表既是调整账面记录的原始依据，也是分析差异原因、查明经济责任的依据。

（5）对于清查时发现的积压或残损的物品，应另行堆放，并填制“积压变质报告单”，说明情况，报经审批后做出账务处理。

2. 实物清查的方法

（1）实地盘点法。即通过对实物的逐一点数、过秤，来确定各项财产物资数量的方法。这种方法简便易行，适用范围广，但工作量较大。大多数财产物资都可以采用这种方法。

（2）技术推算盘点法。即按照一定的推算方式和方法，计算出各项财产物资实有数的方法。对那些大堆存放、价廉笨重的物资，点数、过秤确有困难的，用此法进行清查。具体方法是通过量方、计尺等方法，然后按数据计算其数量重量。

对于财产物资质量的检验方法，可根据不同实物，采用物理和化学的方法检验其质量。实物清查，必须由财产清查人员和实物保管员共同负责。为了明确经济责任，在进行盘点时，实物保管人员必须在场，并参加盘点工作。对于盘点结果，应如实登记

“盘存表”，并由盘点人员和实物保管人员签章。“盘存表”是记录实物盘点结果的书面证明，也是反映财产物资实有数的原始凭证。

选择最合理的结算方式

我国采用的银行转账结算方式有多种，根据中国人民银行制定的《银行结算办法》的规定，企业的各项经济往来，除了按照规定的收支范围和条件使用现金外，都必须采用银行转账结算办理。目前在我国采用的银行转账结算方式有支票、银行本票、银行汇票、汇兑、托收承付、信用卡、商业汇票、委托收款、信用证九种。在企业管理上，特别是处理与其他企业之间的业务交往过程更应该清楚地了解与认识各种结算方式，并正确地区分各种结算方式。在业务交往过程中做到游刃有余，合理地选择结算方式，在降低企业财务风险等方面是非常重要的。

企业面对结算方式的多样性，以及支付活动的复杂性，正确地认识与区分各种结算方式是非常必要的。

1988 年以来，人民银行不断改革支付结算，建立了以“三票一卡”为主体的结算体系。可供企业单位选择的结算方式包括银行汇票、银行承兑汇票、商业承兑汇票、银行本票、支票、信用卡、汇兑、委托收款、托收承付、国内信用证。然而，从近几年的银行结算实践看，各种结算方式的推广使用不够均衡。开办情况好的有支票、银行汇票、汇兑、委托收款，比较好的有银行承兑汇票、信用卡、托收承付，比较差的为银行本票、商业承兑汇票，至今几乎未开办的为国内信用证结算方式。同时，国家还鼓励网上支付业务的开展。

在传统的手工联行、同城票据交换业务开办的同时，我国正在进行现代化支付系统的建设，人民银行联行已将终端延伸到商业银行营业网点，实现了“天地对接”和业务到县。大多数商业银行已开通行内电子汇兑业务，全国银行卡联网工作也正在加紧进行，资金汇划及时到账已变为现实，结算方式进一步增多，清算体系更加完善，清算手段更为现代化，使得结算方式的选择成为必要。

1. 各种结算方式各具特点，各有其适用范围，客观上要求企业单位进行结算方式的选择

（1）支票。

支票是以银行为付款人的即期汇票，可以看作汇票的特例。支票出票人签发的支票金额，不得超出其在付款人处的存款金额。如果存款低于支票金额，银行将拒付。这种支票称为空头支票，出票人要负法律上的责任。其签发人为付款人，期限为10天，金额起的为100元，只能在同城使用，核算的账户为银行存款账户。

开立支票存款账户和领用支票，必须有可靠的资信，并存入一定的资金。支票可分为现金支票和转账支票。支票一经背书即可流通转让，具有通货作用，成为替代货币发挥流通手段和支付手段职能的信用流通工具。运用支票进行货币结算，手续简便：既有现金支票，可以提现；又有转账支票，可以转账；还有普通支票既可以转账，又可以提现，方便灵活。要求收妥抵用，在同城范围内使用，已被企业单位广泛接受，可以减少现金的流通量，节约货币流通费用。

（2）银行本票。

银行本票见票即付，如同现金，出票银行作为付款人，付款保证性很高。期限为两个月，既有定额本票，又有不定额本票，可以灵活使用。缺点是由银行签发，与支票相比手续相对繁杂。在同城范围内使用。

（3）银行汇票。

银行汇票是汇款人将款项交存当地出票银行，由出票银行签发的，由其在见票时，按照实际结算金额无条件支付给收款人或持票人的票据。银行汇票有使用灵活、票随人到、兑现性强等特点，适用于先收款后发货或钱货两清的商品交易。期限为一个月，起始金额为500元，既可以同城又可以异地使用。

（4）汇兑。

汇兑又称“汇兑结算”，是指企业（汇款人）委托银行将其款项支付给收款人的结算方式。单位和个人的各种款项的结算，均可使用汇兑结算方式。这种方式便于汇款人向异地的收款人主动付款，适用范围十分广泛。

（5）托收承付。

托收承付结算，是指根据购销合同由收款人发货后委托银行向异地购货单位收取货款，购货单位根据合同对单或对证验货后，向银行承认付款的一种结算方式。其中期限规定验单为3天，验货为10天。托收承付结算方式只适用于异地订有经济合同的商品交易及相关劳务款项的结算。代销、寄销、赊销商品的款项，不得办理异地托收承付结算。

（6）信用卡。

信用卡是一种非现金交易付款的方式，是简单的信贷服务。由银行或信用卡公司依照用户的信用度与财力发给持卡人，持卡人持信用卡消费时无须支付现金，待结账日时再行还款。除部分与金融卡结合的信用卡外，一般的信用卡与借记卡、提款卡不同，信用卡不会由用户的账户直接扣除资金。

信用卡属于电子支付工具的范畴，方便、灵活、快捷，同城、异地均可使用；既有公司卡，又有个人卡；一手交钱，一手交货，钱货两清；有存款可以消费，无存款在授权额度内也可以进行消费。它是发放个人消费贷款最便捷的一种方式，它的使用极大地减少了现金使用量，降低了货币流通费用，发展前景非常广阔。但该结算方式受特约商户与ATM机普及程度、银行卡网络的完善程度、银行卡功能开发程度等的限制。

（7）商业汇票。

商业汇票是指由付款人或存款人（或承兑申请人）签发，由承兑人承兑，并于到期日向收款人或被背书人支付款项的一种票据。商业汇票按承兑人的不同分为商业承兑汇票和银行承兑汇票。

商业承兑汇票是由付款人或收款人签发，经付款人承兑的商业汇票。持票人需要资金时，既可以申请贴现，也可以背书转让。承兑人作为付款人，付款保证程度视企业的信誉高低而定，商业银行、被背书人接受票据的难易程度也视承兑人的信誉而定。一般讲它的付款保证性没有银行承兑汇票高。同城、异地交易均可使用。

银行承兑汇票是由在承兑银行开立存款账户的存款人出票，向开户银行申请并经银行审查同意承兑的，保证在指定日期无条件支付确定的金额给收款人或持票人的票据。对出票人签发的商业汇票进行承兑是银行基于对出票人资信的认可而给予的信用支持。其突出特点有：

①信用好，承兑性强。银行承兑汇票经银行承兑到期无条件付款，就把企业之间的商业信用转化为银行信用。对企业来说，收到银行承兑汇票，就如同收到了现金。

②流通性强，灵活性高。银行承兑汇票可以背书转让，也可以申请贴现，不会占压企业的资金。

③节约资金成本。对于实力较强、银行比较信得过的企业，

只需交纳规定的保证金，就能申请开立银行承兑汇票，用以进行正常的购销业务，待付款日期临近时再将资金交付给银行。由于银行承兑汇票具有上述优点，因而受到企业的欢迎。与此同时，伪造银行承兑汇票等犯罪行为呈现上升势头，有些企业深受其害。

（8）委托收款。

委托收款是收款人委托银行向付款人收取款项的结算方式。委托收款结算方式适用于清偿债务、收取公用事业费。办理委托收款业务必须具有可靠、有力的收款依据，或者双方事先约定。委托收款属于商业信用，付款保证性相对较差，只用于收款人委托开户银行收款的结算。同城、异地结算都可以使用。

（9）信用证。

信用证是指开证银行应申请人的要求并按其指示向第三方开立的载有一定金额的、在一定的期限内凭符合规定的单据付款的书面保证文件。信用证是国际贸易中最主要、最常用的支付方式。信用证方式有三个特点：

①信用证不依附于买卖合同，银行在审单时强调的是信用证与基础贸易相分离的书面形式上的认证。

②信用证是凭单付款，不以货物为准。只要单据相符，开证行就应无条件付款。

③信用证是一种银行信用，它是银行的一种担保文件。

2. 选择合适的结算方式，可以降低结算风险

例如选取银行本票结算，就可以避免因签发空头支票、签章与预留银行印鉴不符的支票而使企业财产被人欺骗的风险。银行本票结算具有以下特点：

（1）使用方便。我国现行的银行本票使用方便灵活。单位、个体经营户和个人不管其是否在银行开户，他们之间在同城范围

内的所有商品交易、劳务供应以及其他款项的结算都可以使用银行本票。收款单位和个人持银行本票可以办理转账结算，也可以支取现金，同样也可以背书转让。银行本票见票即付，结算迅速。

（2）信誉度高，支付能力强。银行本票是由银行签发，并于指定到期日由签发银行无条件支付，因而信誉度很高，一般不存在得不到正常支付的问题。其中定额银行本票由中国人民银行发行，各大国有商业银行代理签发，不存在票款得不到兑付的问题；不定额银行本票由各大国有商业银行签发，由于其资金力量雄厚，因而一般也不存在票款得不到兑付的问题。

银行本票见票即付，如同现金，出票银行作为付款人，付款保证性很高。期限为两个月，既有定额本票，又有不定额本票，可以灵活使用。

选取银行汇票结算，具有以下特点：无金额起点限制；无地域的限制；对申请人没有限制，企业和个人均可申请；可签发现金银行汇票（仅限个人使用）；可以背书转让；付款时间较长：银行汇票有效期为 1 个月；现金银行汇票可以挂失；见票即付；在票据的有效期内可以办理退票。一方面可以避免携带大额现金的风险，另一方面也可以避免采取汇兑结算，款项付出后拿不到货物的风险。而选取银行承兑汇票、信用证结算，就可以降低乃至避免采取托收承付结算中，货已发出，难以及时、足额收到货款等风险的发生。

3. 进行合理结算方式的选择，可以提高企业经济效益

合理选择结算方式可提高企业经济效益，具体表现在：

（1）企业的交易活动必须通过银行结算活动来实现，企业结算方式选择失当，会导致正常交易活动无法实现的后果，反之，则会使难以实现的交易变为现实。所以，企业结算方式的选择对

其持续经营意义重大。

（2）企业的银行结算活动主要表现为现金的流入、流出，因此，选择适宜的结算方式对企业短期偿债能力将产生重要的作用。

（3）企业的一切活动都围绕着经济效益这个中心进行，企业结算方式选择得当，不仅可增加不少无息、低息的可用资金，降低对银行贷款的依赖程度，减少资金使用费用，还可降低直接与间接结算成本，减少费用开支，对企业经济效益的提高意义重大。

4. 依据不同情况选择结算方式

在熟练地掌握了各种结算方式的特点和范围后，我们要依据不同的情况，从不同的角度考虑选择结算方式：

（1）从付款保证性角度进行比较选择结算方式。如果销售企业对购货单位的信用情况不掌握，对及时、足额收回销货款缺乏信心，可以选取信用卡结算，汇兑、支票款到账后发货，银行本票、银行汇票、银行承兑汇票、国内信用证结算方式；如果对购货单位的信用情况有所了解，在以往的交易中无不良付款记录，除了选取上述结算方式外，可以考虑采取支票结算方式；如果购货单位信用程度比较高，在选取上述结算方式的同时，还可以考虑采用商业承兑汇票、托收承付、委托收款结算方式。

（2）比较付款期限，选择结算方式。如果欲即期收款，可以选取信用卡、支票、银行本票、银行汇票结算方式。如果打算约期收款，可以选取银行承兑汇票、商业承兑汇票、国内信用证结算方式。

（3）根据可否转让票据进行选择。如果收款人欲再次背书转让票据，可以考虑选取汇票、本票、支票结算，否则，选取国内信用证、信用卡、汇兑、委托收款、托收承付结算方式。

（4）按照可否从银行融通资金的要求进行选择。如果持票人欲凭票从商业银行取得贷款，可以选取银行承兑汇票、商业承兑汇票、国内信用证结算方式，否则，选取其他结算方式。

（5）从防伪的角度出发进行选择。如担心银行承兑汇票被“克隆”，可适当增加国内信用证的使用；如担心出现伪造、变造的大额银行本票，可采取持支票到出票人开户银行进账的方式。

总之，在企业的财务决策中选择合理的结算方式是一项非常重要的内容，这既关系着企业的财务风险，又可以影响企业的资金运转速率，进而影响企业的整体经济效益。企业必须对此引起高度重视，从全面的、综合的角度来考虑对每一笔经济业务选择合适的结算方式，为企业创造更高的经济效益。

原始凭证最能说明问题

在经济业务发生或完成时取得或填制的用以记录或证明经济业务的发生或完成情况的文字凭据，被称为原始凭证，或者单据。同时，它还具有明确经济责任的作用，也是进行财务核算工作的原始资料和重要依据，在财务资料中，最具法律效力。

那么，关于原始凭证，还有哪些问题是大家不太了解，或者经常忽略导致差错的呢？

1. 财务做账的凭据一般有哪些

所谓“财务做账的凭据”就是指财务凭证中的原始凭证。那么在我国目前的国情下，实务中有哪些具体的原始凭证呢？

（1）发票（最多的，也是常常被提起的）；

（2）外企业开具的收据；

（3）财政非税收入专用收据；

（4）中国人民解放军或武警部队的财务专用收据；

（5）医院、学校等使用的专用收据等；

（6）捐赠收据；

（7）银行、邮政、铁路等部门收费凭据等；

（8）企业内部自己的工资表、奖励单、付款单、收款收据、成本核算资料、实物发放资料等；

（9）资产被盗报警资料、法院裁定（判决、调解书）等。

以上仅仅是个大概，实务中会遇到各种千奇百怪的原始凭证，需要具体问题具体分析。

另外，工作令号、购销合同、购料申请单等不能证明经济业务发生或完成情况的各种单证不能作为原始凭证并据以记账。

2. 是不是只有正式发票才能做账

由于我国税收管理在很多时候过分倚重了“以票控税”，给一些初涉职场的人一个误会就是——做账必须要见到发票才能做账。其实，这是一个天大的误区。

财务核算的一个重要职责，就是真实反映经济业务，有些经济业务本身就不需要发票。

（1）仅仅是反映双方债权债务关系的。

可以使用收据、借款单以及合同、银行回单等作为做账依据。比如预收定金、支付欠款、资金拆借等。

（2）发生的业务属于非税经济业务。

比如企业双方签订了合同，但是还未履约就有一方违约，最后法院裁定或判决违约方向守约方支付的违约金。此时由于还未涉及应税，故支付违约金就不涉及发票。但是，双方可以依据法律文书、银行回单等作为做账依据。实务中，类似这种情况很多。

（3）特殊部门使用的特殊票据。

所谓特殊票据就是除税务发票以外，国家或税法认可使用的票据。具体包括有政府财政部门的非税收入专用收据、军队与武警使用的收据、医院与学校等使用的收据、银行收费凭据、邮政部门收费凭据、铁路收费凭据（含火车票）、航空公司收费凭据（含机票）等等。

这些特殊票据在现实生活中是大量存在的，并且大多数也是被国家相关部门认可的。

因此，这些特殊票据，虽然不是税务发票，但是实务中可以起到与发票相同的作用，多数都能在税前进行扣除。

（4）企业内部的凭据。

企业内部按照规范财务管理产生的内部凭据，是财务做账时候的重要凭据。比如，按规定制作的固定资产折旧计算表，可以作为财务上计提折旧财务分录的依据；原辅材料的领料单，是作为企业生产成本核算最重要的依据，也是财务上做“生产成本”等科目财务分录的凭据之一。

企业的工资和奖金、补贴等发放资料，是财务上处理“应付职工薪酬”最主要的依据。

企业董事会或股东会决定对外投资的决议，是财务上处理“长期股权投资”必需的依据；涉及股东分红，当然也需要这样的决议。

所有涉及资产减值准备计提、资产盘盈盘亏处理等，企业内部按照内控程序产生的资料，都是这些财务业务或财务分录必需的依据。

企业内部凭据，根据企业的规模与管理方式不同，不尽相同。

3. 是不是只有正式发票才能税前扣除

企业所得税法及其实施细则等，从未规定必须要正式发票才能税前扣除。涉及税前扣除的规定很多，但是规定必须要有正式发票才能税前扣除的，我的理解是涉及的货物或劳务多数情况下是增值税或营业税的应税范围。

比如，成本耗用的存货要能得到税前扣除，外购的应该有正式发票；发生的费用支出，如果属于增值税或营业税的应税范围就必须要正式发票。如果涉及的成本费用支出，不属于增值税或营业税的应税范围的，应该是不需要正式发票的。

4. 所有的报销凭证是不是必须要有老板的签字

这个问题不能一概而论，具体要看企业的规模、组织形式、内控要求等。

在大中型企业，一般管理规范或进行预算管理，企业有比较规范的分级授权制度等，财务报销等一般会按照分级授权制度进行办理，不可能也不应该所有的财务报销都由“老板”签字；同时，在管理规范的企业，一般还会分预算内和预算外支出，二者签批程序也是不同的。

而在很多小型私营企业，老板出于对企业的把控，更加喜欢强调在企业内部执行他的“一支笔”——没有老板的签字，一律不能报销。这也是很多人产生误区的原因之一。

永远相信你的下属比你强

一个不称职的领导，可能有三条出路。第一条出路是申请退职，把位子让给能干的人；第二条出路是让一位能干的人来协助自己工作；第三条出路是任用两个水平比自己更低的人当助手。

假如你是这位领导者，你会选择哪一条出路呢？第一条出路，肯定是不会选择的，因为那样你会失去权力、地位、高薪；第二条出路，你往往也不会选择，因为找个能干的人辅助你，这个能干的人可能成为你的对手，很可能把你挤下位子；看来只有选择第三条出路了。当你选择第三条出路时，你就有两个平庸的助手帮你分担工作，你可以高高在上发号施令，丝毫不用担心他们成为你的竞争对手。两个无能的下属作为第一级别的管理者，他们也有你的那种心理，也会选择比自己差的人当下属。以此类推，就形成了一个机构臃肿、人浮于事、效率低下的领导体系。这就是著名的“帕金森定律”。

从帕金森定律中，我们可以发现：人性的弱点之一是害怕被别人超越、被别人取代，无法容忍别人超过自己，因此，即便自己无法胜任工作，需要找帮手，也不愿意找一个能力强于自己的人，而更愿意找一个能力比自己差的人，这样自己才有优越感，才有自信心，才有安全感。

事实上，在企业管理中，很多管理者都有这种自私、狭隘的心理，真正能做到容人之长，任用比自己强的下属的领导者少之又少。当一个领导者不在乎下属超越自己，不担心下属取代自己，大胆地任用强于自己的下属时，这家企业才会有希望，才能进一步做大做强。

美国“钢铁大王”安德鲁·卡耐基就是一个善于任用比自己

强的人的企业家，他曾表示自己并没什么了不起的能力，而是因为他敢用比自己强的人，能看到并发挥他们的长处。在他的墓碑上，刻着这样一句话："一位知道选用比他本人能力更强的人来为他工作的人安息在这里。"

卡耐基深知人才对于一个企业发展的作用。在他看来，只有敢于任用比自己强的人的领导，才能带领团队取得更好的效益，这直接关系到企业的发展。他在创业伊始，就重视网罗人才，其中有两位人才对他事业的发展做出了巨大的贡献，一位是酸性转炉炼钢法的发明者亚历山大·霍利，一位是掌握着十几项钢铁生产技术专利的专家琼斯。

卡耐基认为，人才和年龄没有关系，无论人才年轻或是年长，只要有能力，他就会予以重用。16 岁的齐瓦勃就是一位才华出众的年轻人，他在受雇 6 个月之后，就被任命为副厂长，后来，又被卡耐基任命为布拉德钢铁厂的厂长。再后来，董事长辞职，卡耐基又提升他为公司的董事长。

卡耐基的用人观是唯才是用，他总是把目光放在人才的长处上，并为人才提供平台，让他们最大限度地发挥自己的长处。正是因为他的赏识和重用，那些优秀的下属才能放开手脚，加倍努力来实现自己的价值。

真正优秀的领导者、企业家，敢于并善于使用比自己强的人，他们始终相信，自己所选择的下属，都是比自己强的人。他们有广博的胸襟足以容纳优秀的下属，这就是他们能够把企业做大做强的关键因素之一。

阿里巴巴的创始人马云说过："领导永远不要跟下属比技能，下属肯定比你强；如果不比你强，说明你请错人了。第一，要比眼光：比他看得远；第二，要比胸怀：男人的胸怀是委屈撑大的，要能容人所不容；第三，要比实力：抗失败的能力比他强。一个优秀的领导人的素质就是眼光、胸怀和实力。"

一位记者去阿里巴巴采访马云，当他们谈到一个需要从电脑上查找资料的话题时，马云坐在电脑前面忙活了半天，但还是没有找到想要的资料。没办法，他只好叫来秘书。秘书只操作了10秒，就把他想要的资料找到了。难道在阿里巴巴，秘书电脑水平这么高吗？记者好奇地凑上前去，发现难住马云的不过是一个简单的Word文档。再看看马云的电脑桌面，除了几个基本文档之外，什么也没有。马云见记者一脸惊讶，便笑着说："我只会用电脑干两件事，一是浏览网页，二是收发电子邮件，其他的一窍不通。我连如何在电脑上看VCD都不会，一直保持这种'菜鸟'级的水平挺好的。我不懂电脑，销售也不在行，但是公司里有人懂就行了。"

马云这番话不是谦虚，而是事实，他在IT界是公认的"菜鸟"，他和公司众多的技术开发人员相比，就是一个电脑白痴。可就是这个电脑白痴，却领导着一群IT天才，创造了"芝麻开门"的神话。这不正是不懂降妖除魔，却能带领孙悟空、猪八戒、沙和尚一路披荆斩棘、取得真经的唐僧吗？难怪马云一直认为唐僧是最好的领袖。

马云曾说过："管理者最重要的是永远相信下面的人比你强。"所谓的"比你强"，当然是指在某些方面下属比你强，尤其是在专业领域、在执行力上比你强。这样一来，你就可以借助比你强的下属，毫不费力地达成企业目标。

所以，领导者完全没必要担心下属的能力超过自己，会危及自己的地位和威望。下属之所以是下属，正是因为他在某些方面比你强，否则，如果某个下属能做的事情，你自己都能做，你还需要这样的下属吗？可见，下属的到来是"补强"你的团队的，而不是来取代你的。作为领导者，你要做的就是带领一帮优秀的下属，实现更高的企业目标。

【案例解读】阿里巴巴财务管理模式

大家知道财务管理是企业管理的重要组成部分，由于电子商务的普及，很多企业业务都是网上交易，所以财务的结算方式也改变了。下面介绍以阿里巴巴为代表的电子商务发展创新的五项财务管理模式。

1. 网络财务模式。

网络财务模式是将财务管理建立在网络计算技术基础上，使之成为具有智能化、可视化的决策支持系统。它是一种集中式管理模式。外地分支机构的财务可只作报账处理，通过网络把信息集中到总部，由总部集中处理，有效监控分支机构的财务收支情况。网络财务通过新型的管理软件，可以不分时间、不分地域、不间断地在线即时化管理，对分支机构进行远程处理，实现对异地分支机构的各种财务数据、资金动向的监控，完成经济业务活动，使物理距离变为鼠标距离。

网络财务同时又是一种全方位式的网络管理。与传统的财务模式相比，它的优越性体现在：

（1）降低管理费用；

（2）提高财务决策水平；

（3）提高工作效率。

2. 国际财务管理模式。

国际财务是在中国加入 WTO 以及全球经济日益一体化和电子商务迅猛发展的时代背景下产生的，其目的就是满足中国企业参与国际竞争的需要，因此，会计信息的国际可比性问题颇受人关注。国际财务软件强调与国际会计的接轨，既要符合国际会计准则，支持多国语言，同时强调全面实现网络化管理，可以方便快捷地进行远程账务处理，移动办公更是软件所应具有的普通功能之一。

3. 协同化财务管理模式。

协同化财务管理是指电子商务环境下企业财务管理活动与业务活动的协同处理。协同化财务管理是企业管理所追求的一个目标。电子商务的开展和广泛运用使得协同化财务管理成为可能。具体来说，协同化财务管理包括企业内部业务的协同、企业与供应链的协同及企业与社会部门的协同三个方面。企业内部业务协同指对企业全程业务的协同，包括网上采购、网上销售、网上服务、网上考勤等；企业与供应链的协同如网上询价、网上催账等；企业与社会部门的协同如网上银行、网上保险、网上报税、网上报关等。

4. 外部财务管理模式。

在电子商务开展以前，企业的财务管理工作主要是关注整合企业内部的财务资源，即财务管理工作的重点在于本企业内部的所有财务资源。

5. 动态化财务管理模式。

在传统的商务运作模式下，企业所进行的财务管理是一种静态财务管理，管理的依据是事后反映的静态财务会计资料及其他相关部门的资料。

|第七章|

F I N A N C E

融资上市了解这些很重要

7

企业经营管理者，必须全面了解企业的生产经营状况和财务状况，他们进行财务分析的目的和要求是全面的；企业投资者的利益与企业的经营成果密切相关，他们更关心企业的资本盈利能力、企业生产经营的前景和投资风险；企业的债权人则主要关心企业能否按期还本付息，他们一般侧重于分析企业的偿债能力。

新三板是一个严格限制中小投资者的市场，玩家主要是大资产规模机构。要走通转板上市这条路，企业首先需要用自己的业绩增长说服这些挑剔的投资者，还要用挂牌后的规范运作和业绩表现赢得交易所的信任。

了解企业的资本需求

企业筹资是指企业作为筹资主体根据其生产经营、对外投资和调整资本结构等需要，通过筹资渠道和金融市场，运用筹资方式，经济有效地筹措和集中资本的活动。企业筹资活动是企业的一项基本财务活动，企业筹资管理是企业财务管理的一项主要内容。

1. 企业筹资的动机

企业筹资的基本目的是为了自身的生存与发展。企业在持续的生存与发展中，其具体的筹资活动通常受特定的筹资动机所驱使。企业筹资的具体动机是多种多样的。例如，为购置设备、引进新技术、开发新产品而筹资；为对外投资、并购其他企业而筹资；为现金周转与调度而筹资；为偿付债务和调整资本结构而筹资，等等。在企业筹资的实际中，这些具体的筹资动机有时是单一的，有时是综合的，归纳起来有三种基本类型，即扩张性筹资动机、调整性筹资动机和混合性筹资动机。企业筹资的动机对筹资行为及其结果产生直接的影响。

（1）扩张性筹资动机。

扩张性筹资动机是指企业因扩大生产经营规模或增加对外投资而产生的追加筹资的动机。处于成长期、具有良好发展前景的企业通常会产生这种筹资动机。

例如，企业产品供不应求，需要增加市场供应；开发生产适销对路的新产品；追加有利的对外投资规模；开拓有发展前途的对外投资领域等，往往都需要追加筹资。扩张筹资动机所产生的直接结果，是企业资产总额和资本总额的增加。

（2）调整性筹资动机。

企业的调整性筹资动机是企业因调整现有资本结构的需要而产生的筹资动机。资本结构是指企业各种筹资方式的组合及其比例关系。一个企业在不同时期由于筹资方式的不同组合会形成不尽相同的资本结构。随着相关情况的变化，现有的资本结构可能不再合理，需要相应地予以调整，使之趋于合理。

（3）混合性筹资动机。

企业同时既为扩张规模又为调整资本结构而产生的筹资动机，可称为混合性筹资动机。即这种混合性筹资动机中兼容了扩张性筹资和调整性筹资两种筹资动机。在这种混合性筹资动机的驱使下，企业通过筹资，既扩大了资产和资本的规模，又调整了资本结构。

2. 企业筹资的渠道与方式

企业筹资需要通过一定的筹资渠道，运用一定的筹资方式进行。不同的筹资渠道和筹资方式各有特点和适用性，为此需要加以分析研究。筹资渠道与筹资方式既有联系，又有区别。同一筹资渠道的资本往往可以采用不同的筹资方式取得，而同一筹资方式又往往可以筹集不同筹资渠道的资本，这也需要把握两者之间的有效配合。

（1）企业筹资渠道。

企业的筹资渠道是指企业筹集资本来源的方向与通道，体现着资本的源泉和流量。筹资渠道主要是由社会资本的提供者及数量分布所决定的。目前，我国社会资本的提供者众多，数量分布广泛，为企业筹资提供了广泛的资本来源。认识企业筹资渠道的种类及其特点和适用性，有利于企业充分开拓和利用筹资渠道，实现各种筹资渠道的合理组合，有效地筹集资本。

企业的筹资渠道可以归纳为如下七种：

①政府财政资本。政府财政资本历来是国有企业筹资的主要来源，政策性很强，通常只有国有企业才能利用。现在的国有企业，包括国有独资公司，其筹资来源的大部分，是在过去由政府通过中央和地方财政部门以拨款方式投资而形成的。政府财政资本具有广阔的源泉和稳固的基础，并在国有企业资本金预算中安排，今后仍然是国有企业权益资本筹资的重要渠道。

②银行信贷资本。

③非银行金融机构资本。

④其他法人资本。

⑤民间资本。

⑥企业内部资本。

⑦国外和我国港澳台资本。

在上述各种筹资渠道中，政府财政资本、其他法人资本、民间资本、企业内部资本、国外和我国港澳台资本，可以成为特定企业股权资本的筹资渠道；银行信贷资本、非银行金融机构资本、其他法人资本、民间资本、国外和我国港澳台资本，可以成为特定企业债权资本的筹资渠道。

（2）企业筹资方式。

企业筹资方式是指企业筹集资本所采取的具体形式和工具，体现着资本的属性和期限。这里，资本属性是指资本的股权或债权性质。筹资方式取决于企业资本的组织形式和金融工具的开发利用程度。目前，我国企业资本的组织形式多种多样，金融工具得到比较广泛的开发和利用，为企业筹资提供了良好的条件。认识企业筹资方式的种类及其特点和适用性，有利于企业准确地开发和利用各种筹资方式，实现各种筹资方式的合理组合，有效地筹集资本。

一般而言，企业筹资方式有以下七种：

①投入资本筹资。

②发行股票筹资。

③发行债券筹资。

④发行商业本票筹资。

⑤银行借款筹资。

⑥商业信用筹资。

⑦租赁筹资。

在上列各种筹资方式中，投入资本和发行股票筹资方式可为企业取得永久性股权资本；发行债券和租赁筹资方式主要为企业获得长期债权资本；发行商业本票和商业信用筹资方式通常是为企业筹集短期债权资本；银行借款筹资方式既可以用于筹集长期债权资本，也可以用于筹集短期债权资本。

（3）企业筹资渠道与筹资方式的配合。

企业的筹资渠道与筹资方式有着密切的联系。一定的筹资方式可能仅适用于某一特定的筹资渠道，但同一筹资渠道的资本往往可以采取不同的筹资方式取得，而同一筹资方式又往往可以适用于不同的筹资渠道。因此，企业在筹资时，应当实现筹资渠道和筹资方式两者之间的合理配合。

投资商会如何看企业

对企业进行财务分析所依据的资料是客观的，但是，不同的人员所关心问题的侧重点不同，因此，进行财务分析的目的也各不相同。企业经营管理者，必须全面了解企业的生产经营状况和财务状况，他们进行财务分析的目的和要求是全面的；企业投资者的利益与企业的经营成果密切相关，他们更关心企业的资本盈利能力、企业生产经营的前景和投资风险；企业的债权人则主要关心企业能否按期还本付息，他们一般侧重于分析企业的偿债能力。综合起来，进行财务分析主要出于以下目的。

1. 评价企业的偿债能力

通过对企业的财务报告等会计资料进行分析，可以了解企业资产的流动性、负债水平以及偿还债务的能力，从而评价企业的财务状况和经营风险，为企业经营管理者、投资者和债权人提供财务信息。

2. 评价企业的营运能力

企业营运能力反映了企业对资产的利用和管理的能力。企业的生产经营过程就是利用资产取得收益的过程。资产是企业生产经营活动的经济资源，资产的利用和管理能力直接影响到企业的收益，它体现了企业的整体素质。进行财务分析，可以了解到企业资产的保值和增值情况，分析企业资产的利用效率、管理水平、资金周转状况、现金流量情况等，为评价企业的经营管理水平提供依据。

3. 评价企业的获利能力

获取利润是企业的主要经营目标之一，它也反映了企业的综合素质。企业要生存和发展，必须争取获得较高的利润，这样才能在竞争中立于不败之地。投资者和债权人都十分关心企业的获利能力，获利能力强可以提高企业偿还债务的能力，提高企业的信誉。对企业获利能力的分析不能仅看其获取利润的绝对数，还应分析其相对指标，这些都可以通过财务分析来实现。

4. 评价企业的发展趋势

无论是企业的经营管理者，还是投资者、债权人，都十分关注企业的发展趋势，这关系到他们的切身利益。通过对企业进行财务分析，可以判断出企业的发展趋势，预测企业的经营前景，从而为企业经营管理者和投资者进行经营决策和投资决策提供重要的依据，避免决策失误给其带来重大的经济损失。

打算上市要做什么准备

1. 做好工作的整体统筹

（1）成立上市筹备小组。

企业要想将上市工作落实，就要尽快成立上市筹备小组。上市筹备小组的建立是一件重大的事情，建议老板亲自领导。同时筹备小组里面既要有公司各个部门的高层，也要有会计师事务所、律师事务所等外部机构的参与。企业如果没有做好筹备工作，上市就会更加困难。

（2）区分创业板和中小板。

作为企业家、要了解创业板和中小板的区别。

创业板更[illegible]企业的持续成长性，包括业绩成长性、公司治理、内部控制、资金管理、担保等。创业板有一个叫法是“两高六新”，“两高”即成长性高、科技含量高，“六新”即新经济、新服务、新农业、新材料、新能源和新商业模式。

相对于创业板而言，中小板在成长性上要求不高，更强调企业发展的稳定性和业绩的成熟性。

2. 选择合适的中介机构

企业成立筹备小组后，要开始选择外部合作机构，即中介机构。

国家规定，企业如果没有保荐人、会计师事务所、律师事务所、资产评估公司出的报告就不能上市。

（1）保荐人。

保荐人，即主承销商，是上市小组的组长。这个角色很重要，在上市过程中起协调作用，如果没选好，企业上市会比较困难。承销商的职责很多，在改制阶段，指导企业改制，辅导股份有限公司的设计、资产设计、业务重组，甚至在法律等方面提出意见。同时，上市过程中股票的卖出，上市后持续信息的披露也由承销商负责。

企业选择承销商时，不要选最好的而是要选最合适的，要具体考虑以下方面：

第一，有相关项目经验；

第二，社会资源和协调能力；

第三，历史违规纪录；

第四，IPO以后的支持情况；

第五，收费标准；

第六，委派的工作人员的质量。

（2）会计师事务所。

会计师事务所的重要性仅次于保荐人。很多企业被否，问题一般就在于会计师事务所。会计师事务所的职责是从财务角度参与改制，协调全过程。企业上市最终所有数据性的材料都出自会计师事务所，会计师事务所要保证最后出来的利润既要合规又要符合资本市场的成长性。会计师事务所帮助企业改组，改组后具体的建账都要由会计师事务所帮助完成。另外，盈利预测、财务审计、内部控制评价等都是会计师事务所要做的事情。

（3）律师事务所。

企业在IPO申报专利时的法律状态，即三年之内是否更换过实际控制人、是否存在潜在债务等相关事项都由律师报告。律师事务所的职责是参与改制，负责发行过程中和发行后的法律事项。

（4）资产评估公司。

资产评估公司的职责是清产核资、账目调整，采取不同的资产评估方法对资产加以评估。

企业选择资产评估公司时，要具体考虑以下方面：

第一，是否具有证券从业资格；

第二，收费标准；

第三，业绩能力；

第四，委派的工作人员素质。

企业寻找中介最笨的方法和途径是上网浏览，然后排序，找出中国前十名的公司，并进行选择。需要注意的是，通过熟人介绍，可能是更好的方法。

3. 进行改制、改组及制度设计

企业进行相关制度设计和资本运作是进入实际工作的第一步。具体来说，其主要包括股份制改造、资产重组、制度设计。

（1）股份制改造。

企业进行股份制改造，有三个内容比较重要：

①设立股权结构。企业设立股权结构的工作包括：首先，设立的目标股本总额既要满足公司法的要求，又要符合证券法的要求；其次，中小板上市发行前不得少于三千万，创业板上市发行前不得少于两千万；再次，股份结构要符合公司法、证券法的要求，发起人持股比例不能太高，过高的大股东的持股水平会导致上市失败。

设立股权结构的好处是，保证企业上市、吸引优秀的风险投资和私募股权投资、留住高管与核心员工。

②股份调整。股份调整有很多方式，转增资本的方式、分红股的方式、扩股增资的方式、引入风险投资的方式、缩股或者分利的方式等。

③规范运作。规范是股份改造阶段必须遵守的原则。

（2）资产重组。

资产重组，不但要调整资产结构，还要调整负债结构，其涉及以下具体内容：

①资产重组的模式。资产重组的模式包括：原序整体重组、一分为二、主体重组、合并重组、异地同业重组等。从现实上市的情况看，对于中国中小企业而言，用原序整体重组的模式比较合适。但是用原序整体重组上市，需要剥离与主业无关的部分，因为创业板上市要求企业主营业务突出甚至只经营一种业务。

②资产重组的核心原则。资产重组的核心原则包括：一是独

立原则，包括业务独立、资产独立、财务独立、人员独立、机构独立；二是主业突出原则，包括三年内主业没有发生重大变化，至少有一个绝对优势业务占主营业务收入的50%以上。

（3）制度设计。

企业上市前必做的工作，包括设计三个制度：内部控制制度、公司治理制度、股权激励制度。

①内部控制制度。在内部控制制度中，企业要重点把握管理控制制度和会计控制制度。设计会计控制制度时，出纳和会计要分开，会计又要与财务主管分开，让财务主管保管财务章，让另一个人控制人名章，从而使出纳、会计、财务主管相互监督。

②公司治理制度。公司治理制度是指公司作为一个独立的法人实体，为维护股东、公司债权人以及社会公共利益，保证公司正常有效地经营，以股权为基础建立起来的、由法律和公司章程规定的有关公司组织机构之间权力分配与制衡的制度体系。

③股权激励制度。股权治理制度中除了股权结构，要重点把握股权激励制度。股权激励的授权方式有业绩股票、股票期权、虚拟股票、限制性股票、延期收购、管理层持股收购等。

设计股权激励制度时，需考虑以下方面：第一，授予价格；第二，激励条件；第三，激励有效期；第四，激励对象；第五，授予数量；第六，股份来源。为保证股份价值，进行股权激励时，企业不要以送的方式，而要以卖的方式。

此外，为防止员工带着股份离开公司，企业可采取以下措施：第一，设计方案，让股份不可轻易得到；第二，买股权的价格与业绩挂钩；第三，制定退出机制，如企业可设计一些门槛，假如员工在没有被开除的情况下主动离开公司，公司有权以当初卖出的价格对员工所持股份进行强制性回购。总之，这些设计既要能够调动员工的积极性，又要防止员工持股离开公司。

新三板是不是上市的捷径

根据新规，新三板挂牌公司可向证券交易所直接申请上市。

转板机制并非新提法，却与证监会近年来推进的发行体制改革密切相关，未来企业上市将有两类道路——IPO与借壳（比照IPO审核），以及通过新三板转板上市。

目前新三板采取较低的准入门槛，能够不分阶段、不分规模、不分行业地广泛吸纳中小企业挂牌；经过一段时间的培育，一些企业具备一定的规模和盈利能力之后，再选择更高层次的市场上市交易。

新三板要打造一个顺畅的上升通道，就必须实现挂牌公司股本规模的平滑增长，避免与高层次市场之间产生明显断层。

由于当前法规缺位，证监会引申《证券法》，出台了《非上市公众公司监督管理办法》等部门规章，允许股东人数超过200人，以及在新三板挂牌后通过定向增发股东人数累计超200人的企业向证监会申请公开转让核准。证监会对这两类企业实行简化的审核程序，不提交发审委审核，企业拿到“公开转让”批文后，即可向新三板申请挂牌。

这一操作在被市场广泛欢迎的同时也引发一些质疑：在IPO实行实质性审核的情况下，新三板直接向交易所申请上市，会不会引起监管套利？

证监会原创业板部主任冯鹤年（现任山东证监局局长）曾经用“大闸蟹”的比方，通俗地概括了上述担忧：原本是杂牌的螃蟹，拿到阳澄湖里面涮一下，是不是就可以当大闸蟹来卖了？

杜绝监管套利，关键在于交易所的把关。如果交易所自身能够保持独立性以及贴近市场的价值取向，则防止监管套利与提高市场效率两项目标可以兼顾。

过去IPO审核中，通过证监会核准并拿到发行批文的企业，沪深证券交易所从未拒绝其上市。因此证监会的发行审核与交易所的上市审核实际上连为一体，后者的审核权并无实际意义。证监会常年从交易所借调大量人员充实到预审员岗位上，也可作为旁证。

深交所总经理宋丽萍在2015年两会期间谈及转板问题，强调转板在财务条件方面应与退市公司重新上市、借壳上市相一致，股权分散度与公司治理都是《证券法》已有的要求，而挂牌年限和财务条件则将由交易所做出规定。

挂牌公司要转板上市，需具备200人以上股东，3000万以上总股本，且有25%股权公开发行。据统计，新三板有三分之二的挂牌企业总股本在3000万以下，仅有20家新三板公司的股本规模超过7000万,一些公司如中科软等股东人数已经接近或超过200人。

相对IPO，转板上市至少在今后一个时期内都将是过审难度较低的上市方式。但这仅仅是针对证监会的行政许可而言。转板的企业，将与交易所之间双向选择。用这种更市场化的遴选机制代替刚性的行政许可，是资本市场准入监管的重要进步。

新三板是一个严格限制中小投资者的市场，玩家主要是大资产规模机构。要走通转板上市这条路，企业首先需要用自己的业绩增长说服这些挑剔的投资者，还要用挂牌后的规范运作和业绩表现赢得交易所的信任。

成功转板之后，也并非就此修得正果。IPO的注册制改革和新三板转板机制将形成消弭股票制度性溢价的合力，有望改变当前新股定价扭曲的局面。真到那一天，不论IPO还是转板，企业自身价值才是硬道理。

上市，应该注意的问题

1. 企业挂牌的几个重点问题及解决方法

（1）股权代持问题。

解决方法：企业在申报时要说清楚讲明白，并进行充分的信息披露，进行归位确权。信息披露需要关注股份代持的原因；股份代持的具体情况；股份代持可能存在的后果，如果引起争议或者诉讼是否会导致股权大幅变动甚至是实际控制人变更；股份代持没有及时解除的原因和障碍（比如成本太高或者时机不够成熟）；股份代持解除的具体时间和方案，以后如果存在问题的后续解决措施等。

（2）出资程序瑕疵问题。

解决方法：充分披露可能受到的处罚。取得工商登记机关不予处罚的证明；取得其他批文及证明（工商局确认出资且免予处罚的文件）；股东补足出资；验资报告复核；股东承诺；中介机构意见。

（3）关联交易问题。

解决方法：要规范以下原则，避免不必要的关联交易：对必要的关联交易要保证交易价格的公允性；股东大会和董事会表决程序的合法性。主要可以通过调整关联企业和签署关联事务协议两种方式解决。

（4）同业竞争问题。

解决方法：可采取收购合并、转让股权和业务、停业或注销、对经营业务做合理规划等解决思路。

2. 企业挂牌上市需要重点注意的 12 个问题

（1）拟挂牌公司依法设立且存续满两年的条件必须具备。

（2）会计基础薄弱，不可急于求成，应先规范再行申报。

（3）不具有持续经营能力的企业不能挂牌上市。

（4）不能有重大违法违规。

（5）对于主要股份代持和非法发行，不要心存侥幸。

（6）对经营影响重大的纠纷或诉讼，需要高度重视。

（7）超越资质经营或者行业资质管理不明朗的，要审慎处理。

（8）挂牌企业不得存在独立性的实质障碍。

（9）挂牌企业不得存在出资不实的情形。

（10）挂牌企业不得存在资金占用的情形。

（11）挂牌企业不得存在业绩造假的情形。

（12）特殊行业，不可贸然申报。

【案例解读】新东方融资成功

2006年新东方上市是教育行业的分水岭和里程碑式事件，它给整个行业带来了很大的变化。2006年之前的这个阶段是以互联网教育平台和IT培训为主。当时IT培训是比较火的，尤其是北大青鸟、达内、华育国际，还有什么游戏学院等等，它们刚好赶上2000年IT培训发展高潮。现在无论是K12（注：从幼儿园到十二年级）还是职业教育和早教的人才，有很多都是青鸟系的。

在线教育领域，我们看到的公司相对比较传统，弘成教育（中华学习网）是在2007年底上市，它主要是跟中国的一些大学合作发放继续教育的学历。它其实不算严格意义上的在线教育，只是通过网络授课，这样的模式其实是资源类的，并不是纯粹的在线教育。

精品学习网这个项目后来好像不是很成功，因为它的定位是平台，自己买流量的成本比较高。它后来也经历过转型，现在看好像内部做了合并，把好几个教育项目合并在一起。

ATA公司（注：中国智能化考试服务的创始者）把一些职业考试，用计算机的形式实现统一管理，当然这也是必须要跟政府以及行业协会等合作。ATA首先有资源优势，再加上技术优势，便形成了自己的商业模式，2008年初它在纳斯达克上市。

这批企业的特点是都有资源优势和技术优势，还有个特点就是规模都不太大，营收到现在可能也只有两三亿元规模，市值也是比较小的，成长也比较稳定，相对比较慢一些，这可能是因为它们比较依赖资源的支持。像ATA，它拿下个新的考试业绩能涨20%~30%，但这并不容易获取，要经过很多运作和招标等环节。而且，随着经济形势的变化，它也会面临一些波动，比如2008年经济危机或者股票市场不好，没有人想去证券公司，考试人群数量就下降，这也就会影响业绩。

这批企业里面，最可惜的是北大青鸟，它当时在教育培训行业里应该是非常领先的。北大青鸟本有机会在2008年上市，它已经路演完成并定价了，只不过当时定价比较低，创始人觉得太不甘心了，就撤销了IPO申请。后来形势就更坏了，一方面是IT培训出现了大衰退，另一方面是资本市场窗口期也关了，北大青鸟现在已经江河日下，在教育行业失去了原来的那种地位。但青鸟体系确实出了不少人才，包括瑞思的创始人夏雨峰也是青鸟出来的。此后，精品学习网和飞龙网等做在线招生平台的企业也都不是很成功，它们都是受商业模式和教育行业发展阶段的影响。

2006年—2010年

2006年新东方上市之后，投资转向到了教育培训行业，包括语言及K12的培训。在这一轮的投资高峰里，我们看到几个上市公司，它们基本都是在2010年上市。

新东方上市第二天环球雅思就拿到了软银赛富的投资，此后新航道也完成了融资。2007年那几个月有扎堆融资现象，9月份巨人融资，学大是10月份融资，接下来是华育，安博几次大的融资也是在这一年。这一轮投资基本在两三年以后都收获了，这轮投资决定了未来两三年新一轮上市公司的出现。但是，其中也有一些不成功的案例。

2010年至今

从2010年到现在，在线教育成为新的投资亮点，之所以单独把在线教育列出来是因为大家都觉得它很热，但额度小一点的投资也在不断地发生，比如素质类教育、早教项目、少儿英语项目、围棋项目和少数美术馆等等。真正大笔投资是在2010年以后，比如龙文在2011年号称获得4.5亿元的投资。其他更大笔的投资在教育培训行业就不太多了，因为上一轮的投资已经结束了，而

K12 和语言培训的格局基本已经定了，再想杀出黑马已经不是那么容易了。所以，投资就转向到了有特色的在线教育领域。

在线教育更多的是希望未来能成长出一个新的明星企业，或者一批新的明星企业。但在线教育领域并没有让人看到眼前一亮、觉得特别惊喜或颠覆性特别强的商业模式。为什么现在仍有这么多投资案例呢？这是因为资本要抓机会，就像前几年的团购一样，那会儿拿到融资的团购企业也很多，但最后生存下来的不太多。当然，这里面也许可能会成就几家企业，像传课、多贝、沪江网和猿题库这几个投资案例就比较典型。

现在从零开始的创业者要判断未来几年的趋势和方向是什么，要找准点，这个很重要。如果你现在做培训，尤其是课外辅导，拿融资的可能性已经没有了，很多 VC 已经不看 K12 项目了。除非你只是想做个生意，就是想舒舒服服过日子，没想成为全国性品牌，没想过上市，收入稳定，时间和财务也相对自由，这种人也是挺多的，这也是另一种出路。

|第八章|

F I N A N C E

8

不要把规范避税当作逃税

避税是对已有税法不完善及其特有缺陷所做的显示说明，它说明了现有税法的不健全特征。

合理避税不同于偷税、逃税，它不是对法律的违背和践踏，而是以尊重税法、遵守税法为前提，以对法律和税收的详尽理解、分析和研究为基础，是对现有税法不完善及其特有的缺陷的发现和利用。

什么是真正意义上的避税

合理避税是指在法律允许的情况下（这个定义的关键是纳税人在税法许可的范围内），通过不违法的手段对经营活动和财务活动精心安排，尽量满足税法条文所规定的条件，以达到减轻税收负担的目的。当然，避税也不排除利用税法上的某些漏洞或含糊之处来安排自己的经济活动，以减少自己所承担的纳税数额。

一般地说，避税可以认为是纳税人采取利用某种法律上的漏洞或含糊之处的方式来安排自己的事务，以减少他本应承担的纳税数额。虽然避税行为可能被认为是不道德的，但避税所使用的方式是合法的，而且不具有欺诈性质。避税是对已有税法不完善及其特有缺陷所做的显示说明，它说明了现有税法的不健全特征。税务当局往往要根据避税情况所显示出来的税法缺陷采取相应措施对现有税法进行修改和纠正。所以，通过对避税问题的研究可以进一步完善国家税收制度，有助于社会经济的进步和发展。

企业合理避税的前提条件是：依法纳税、依法尽其义务，按照《中华人民共和国税收征收管理法》及其细则和具体税种的法规条例，按时足额交纳税款。只有在这个基础上，才能进行合理避税，才能视合理避税为企业的权利，才能受到法律和社会的认可和保护。

在财会税务实践中，针对税法中“非违法”的内容，纳税人是可以合理运用的，这从税法建设本身来看，是有利于推进税制改革的。因为，税法中“允许”“不允许”和“应该”“不应该”的内容实际上使企业同时得到了“非不应该”“非不允许”的内容。正是这些法律上的“非不应该”“非不允许”内容构成企业合法及非违法避税的依据和途径。

在财会税务实践中，我们翻阅具体税法细则才发现，无论国内还是国外，都有对税法中“非不允许”“非不应该”的成功利用。对每一个具体的纳税人来说，理解、分析和研究合理避税并不断进行实践，这不仅直接可以给纳税人带来经济利益和货币收入，使他们创造的商品价值和商业利润有更多的部分合法留归纳税人自己，而且还能够帮助纳税人正确树立法制观念和依法纳税意识，从而提高纳税人素质。

合理避税不同于偷税、逃税，它不是对法律的违背和践踏，而是以尊重税法、遵守税法为前提，以对法律和税收的详尽理解、分析和研究为基础，是对现有税法不完善及其特有的缺陷的发现和利用。同时，合理避税有助于保证政府和执法部门及时发现税制及税法中所存在的问题，进一步根据社会经济发展和税收征收管理的实践来健全税收制度，完善税法，有助于实现经济生活规范和社会生活规范化，有助于建立一个健全的法律社会，有利于我国在世贸组织这个大家庭中与国际社会接轨，有利于我国企业的健康发展。

合理避税就是创造利润

所谓避税是指企业为了实现利润最大化和税负最低化，研究各国税收法律之间的差异，策划个人或集团内部财务节税计划，以规避纳税。

外资企业都各有避税秘方，虽然说避税违反了税收立法意图，有悖于政府的税收政策导向，但避税并不违法，法律上存在“合理避税”之说。正因如此，很多外资企业采取各种招数，以达到合理避税的目的。

1. 转让定价

据某会计师事务所的张小姐透露，他们在审计外资企业的时候，常会遇到一些利用现有中国税法不健全进行转让定价的避税方法。

张小姐举例说，她在审计中，就遇到一家总部设在国外、分部设在国内的加工制造企业，总部有意提高原材料成本价格，增大负债，在售价不变的情况下，使收益减低，甚至出现亏损，在亏损后，还会增加投资，常年如此，税务部门拿这种做法也无可奈何。这种做法被审计人员叫作“转移定价”。这家企业“长亏不倒”的做法在很多外企中也很盛行。

转让定价是现代企业特别是跨国公司进行国际避税所借用的重要手段。在现代经济生活中，许多避税活动，不论是国内避税还是国际避税，都与转让定价有关。它们往往通过从高税国向低税国或避税地以较低的内部转让定价销售商品和分配费用，或者从低税国或避税地向高税国以较高的内部转让定价销售商品和分配费用，使国际关联企业的整体税收负担减轻。

2. 贷款高利率

利用专有技术等无形资产作价高于国际市场价格，或隐藏在设备价款中的一种手法。外商利用人们不了解设备和技术的真实价格，从中抬高设备价格和技术转让价格，将企业利润向境外转移。它们在抬高设备价款的同时，把技术转让价款隐藏在设备价款中，以躲避特许权使用费收入应纳的预提税。

劳务收费标准“高进低出”。关联企业之间相互提供服务或劳务，通常是境外公司收费高，境内公司收费低甚至不收费。有的还虚列境外公司费用。

3. 资产评估提高折旧

张小姐曾遇到过一家香港公司，每年都要对其房地产进行价值评估，其在内地子公司因为要与香港母公司进行合并报表，所以也要同时评估其在内地的房产。这也是外资一种避税的有效方法。如房地产评估增值，每年计提的折旧也会相应地增加，纳税自然也会相应减少。

4. 国际避税地建公司

据一位曾在台湾某企业工作过的陈小姐透露，在避税港注册也是一种办法。他们那里曾经也采用过相同的办法。在国际避税地建立公司，然后通过避税地的公司与其他地方的公司进行商业、财务运作，把利润转移到避税地，靠避税地的免税收或低税收减少税负。在长三角地区，一些外资企业的投资方来自英属维尔京群岛等地方，而实际在岛上，它们可能只有一间办公室。

运用避税港进行避税是跨国纳税人减轻税负增加收入的手段之一，而维持税收制度在筹措国家财政资金方面的有效性，又是各国税务当局面临的重要任务之一。在跨国纳税人不断运用避税港的情况下，国家的税收权益不断遭到损害，税收收入受到影响，税收的公平原则也相应遭到破坏。因此，许多国家尤其是发达国家特别注意如何防止跨国投资经营者运用避税港从事避税活动。

此外，避税的其他方法层出不穷。外企避税的另一主要手段是利用关联交易，高进低出。这种手段占到避税金额的60%以上。另外，目前外商投资中国的资金中，60%以上是借贷资金，即便是一些实力雄厚的国际公司也向境内外银行借大量资金，利用税前列支利息，达到少交或免交企业所得税的目的。

反避税涉及社会经济生活的各个部门。税收制度不够完备，地区间、部门间的不协调，是避税形成的客观原因。专家指出，应从税法和征管两方面完善和加强现有税收体制。首先，现行的涉外税法规定外商投资企业享受和内资企业不同的税收政策，这种税收设置，为合法避税行为提供了一个很大的空间。只有内外资企业所得税合并，才能够进一步完善税法和严格征管，为反避税从根本上打下一个非常好的基础，否则，现在两套税制，随意性很大。

其次是征管方面。在征管手段上要跟上计算机的信息控制，另外也涉及出口退税和骗税问题，要求海关、外贸部门和税务机关三方面能够迅速信息相通，这些方面和国际上都还存在差距，需要进一步改进。

一般来说，税的多少取决于交税的基数（税基）和税率的高低。也就是说，合理避税就是要在税基、税率上做文章。

据介绍，个人收入不同，税率也大不相同。专家说，目前我国现行的分类个人所得税制对不同所得实行不同税收待遇，就为合理避税留出了空间。比如，某公司副总裁的年薪 30 万元，兼任董事的年薪 4 万元。年薪如果年底一次性领取，那按新办法，这位董事一年就要交 76 300 元的所得税。如果做一下调整，他的月薪降为 2 万元，年薪增加到 10 万元且分 10 个月领取，每次领 1 万元（总收入没变），那这位董事的所得税就降为 58 860 元，少交 17 440 元。

一次性支付的费用，通过改变支付方式，变成多次支付、多次领取，就可分次申报纳税；而对于劳务报酬收入，可通过雇主向纳税人提供伙食、交通等服务来抵消一部分劳务报酬，适当降低个人所得税。

第二种避税选择是针对职工的薪酬激励方式的选择。专家说，根据他的研究，这一办法有“工资+奖金”、年薪、股票期权和股息红利四种方案，其中，股票期权方式，职工纳税最少，一般只相当于工资奖金纳税的一半。

企业该缴纳哪些税

1. 基本税种

（1）营业税按提供的服务收入 5% 缴纳；

（2）增值税按销售收入 17%、6%、4% 缴纳（分别适用增值税一般纳税人、小规模生产加工纳税人和商业企业纳税人）；

（3）城建税按缴纳的营业税与增值税之和的 7% 缴纳；

（4）教育费附加按缴纳的营业税与增值税之和的 3% 缴纳；

（5）地方教育费附加按缴纳的营业税与增值税之和的 2% 缴纳；

（6）印花税：购销合同按购销金额的万分之三贴花；账本按 5 元/本缴纳（每年启用时）；年度按“实收资本”与“资本公积”

之和的万分之五缴纳（第一年按全额缴纳，以后按年度增加部分缴纳）；

（7）城镇土地使用税按实际占用的土地面积缴纳（各地规定不一，××元/平方米）；

（8）房产税按自有房产原值的70%×1.2%缴纳；

（9）车船税按车辆缴纳（各地规定不一，不同车型税额不同，××元/辆）；

（10）企业所得税按应纳税所得额（调整以后的利润）缴纳：应纳税所得额在3万元（含）以内的适用18%，在3万元至10万元（含）的适用27%，在10万元以上的适用33%（注：2008年起税率为25%）；

（11）发放工资代扣代缴个人所得税。

上述税种中除增值税与企业所得税（2002年1月1日新设立的企业）向国税局申报缴纳外，其他均向地税局申报缴纳。

主税种按营业执照的经营范围确定（增值税、营业税），其他税种再根据实际确定（城建税、教育费附加、印花税、房产税、土地使用税、车船使用税、土地增值税、企业所得税、个人所得税等等）。

补充：

①国税开票范围：一是销售货物，有货物交易、加工的开增值税发票；二是进口货物，也是开增值税发票；三是提供加工、修理修配劳务，受托加工货物、受托对货物修复的也是开增值税发票。

②地税开票范围：除国税开票以外，全部由地税开票，范围很广，交通运输、建筑工程、金融保险、邮电通信、文化体育、娱乐业、服务业、转让无形资产、销售不动产。其中服务业最为广泛，包括代理业、旅店业、饮食业、旅游业、仓储业、租赁业、

广告业、其他服务业（咨询、沐浴、设计、打字）等等。

企业应纳的税种基本上涵盖了除个人所得税之外的所有税种。下面就几个与企业关系较密切的税种作简单介绍。

（1）增值税，是指对在我国境内销售货物或者提供加工、修理、修配劳务以及进口货物的单位和个人征收的一种税。

（2）消费税，是指对在我国境内从事生产、委托加工和进口应税消费品的单位和个人征收的一种税。

（3）营业税，是指对在我国境内提供应税劳务、转让无形资产或者销售不动产的单位和个人征收的一种税。

（4）关税，是指海关对进出我国国境或关境的货物、物品所征收的一种税。

（5）所得税，是指对在我国境内从事生产、经营的企业，就其生产、经营所得和其他所得征收的一种税。

（6）城市维护建设税，是指对从事生产经营活动的单位和个人，以其实际缴纳的增值税、消费税和营业税的税额为计税依据，按纳税人所在地适用税率计算征收的一种税。

（7）房产税，房产税是以房产为征税对象，依据房产价格或房产租金收入向房产所有人或经营人征收的一种财产税。

（8）车船使用税，是指对在我国境内拥有并且使用车船的单位和个人征收的一种税。

（9）印花税，是指对凡在我国境内书立、领受税法所列举凭证的单位和个人征收的一种税。

（10）土地增值税，是指凡转让国有土地使用权、地上的建筑物及其附着物并取得收入的单位和个人征收的一种税。

（11）资源税，是指对在我国境内从事开采税收法规所规定的矿产品或者生产盐的单位和个人征收的一种税。

（12）城镇土地使用税，是指以城镇土地为征税对象，对拥有土地使用权的单位和个人征收的一种税。

（13）教育费附加，是指纳税人交纳的增值税、消费税和营业税附加征收的一种税。

2. 企业主要交的税费

（1）营业税=服务业收入×税率为5%（适合有服务业的企业）（月报）；

增值税=商品销售收入（不含税）×3%（适合小规模纳税人）（月报）；

增值税=商品销售收入（不含税）×17%–进货金额（不含税）×17%（适合一般纳税人）（月报）。

（2）应纳城建税=应纳增值税+营业税×7%（月报）。

（3）应纳教育费附加=应纳增值税+营业税×3%（月报）。

（4）堤围防护费：营业收入×0.1%（各地征收标准不同，有些地方不征收）（月报）；

应纳地方教育费附加=应纳增值税+营业税×2%（各地征收标准不同，有些地方不征收）（月报）。

（5）所得税=利润总额×税率为25%（季报）（符合条件的小型微利企业所得税税率为20%，小型微利企业是指从事国家非限制和禁止行业，并符合下列条件的企业：工业企业，年度应纳税所得额不超过30万元，从业人数不超过100人，资产总额不超过3000万元；其他企业，年度应纳税所得额不超过30万元，从业人数不超过80人，资产总额不超过1000万元）。

（6）个人所得税（月报）：实行代扣代缴，不管工资薪金是否超过3500元。

巧用政策也能合法避税

最近，从事小商品生产的小企业主刘老板一直面露喜色，因为之前甚为担心的流动资金问题不仅圆满解决，还有意外收获。

这事还得从几个月前说起。那段时间，刘老板经营的企业也和其他中小企业一样，受人力成本与原材料成本上涨、资金紧张等因素影响，经营压力骤然增加。后来，在朋友的介绍下，他从泰隆商业银行申请到一笔50万元的无抵押贷款。

之后，当了解到刘老板的企业现有60名工人，其中包括18个曾经的下岗工人时，泰隆银行负责刘老板贷款项目的客户经理马上建议他到相关部门申请减税。因为，刘老板的企业情况符合相关税收优惠政策规定，即“当年新招用下岗失业人员达到职工总数30%以上（含30%），并签订1年以上（含1年）的劳动合同，3年内对相应期限的年度应缴纳的企业所得税额减征30%”。果然，经过国家税收部门核查认证，刘老板关于减征企业所得税的申请被批了下来。由此，除去银行贷款与利息后，刘老板最终获得的业务收入比预计的要多。

从刘老板的例子中可以看出，在资本的舞台上，并非只有外企才有避税的需求，对于资金和实力并不强大的中小企业来说，“合理避税”课题同样很重要。除了像刘老板那样，通过外力（银行客户经理提醒）获悉相关政策外，中小企业主还应该自觉养成关注我国税收政策的习惯。特别是近期《北京市促进中小企业发展条例》实施后，各项针对中小企业实施的税收减免优惠将会相继出台，小企业主更应该时刻关注国家税收政策的变化，真正做到巧用国家政策增加生产流动资金。当然，除了关注国家政策，以下几种方法也可以帮助企业开源节流：

巧用税率差异实现定价转移。所谓定价转移，指企业通过寻找利率低于所在地区利率的企业合作，通过双方协商，以低于市场的转让价格，来实现少纳税或不纳税的目的。

巧用费用分摊实现合理节约成本。在保证费用必要支出的前提下，企业应尽可能提早把其他费用，如机器折旧费用，经营中所耗水、电、燃料费，交通费用等摊入成本，因为早期摊入成本的费用越大，纳税基数就越小，从而能达到最大限度避税的目的。

巧用时间差增加流动资金。在资金紧缺的时候，中小企业还可以根据实际情况，与供销商商量，通过提前开出下个月进货发票的方式，达到多抵扣销项税，多给企业留出资金的目的。

最后，特别提醒中小企业主，开源节流的前提必须合理、合法、合规。否则，一旦做出违反国家政策的行为，只会给企业带来适得其反的效果。

合理的避税技巧

1. 债券发行的避税筹划技巧

对可转换债券的发行，有两种会计处理：一种是认为转换权有价值，而将此价值作为资本公积处理；另一种将全部收入作为发行债券所得。

福州天海电子公司于1996年1月1日发行50 000元债券，利率为8%，2001年12月31日到期，每年6月30日及12月31日各付息一次。若不附转换权，市场利率为10%，售价46 139元，折价3861元。因此债券允许在发行两年后按每1000元债券面值转换成该公司普通股50股，每股面值10元，同类可转换债券市场利率7%，债券售价52 079元，转换权价值为5940元（52 079–46 139）。

方法一：确认转换权价值

借：银行存款　　52 079

应付债券——债券折价　　3 861

贷：应付债券　　50 000

资本公积　　5 940

方法二：不确认转换权价值

借：银行存款　　52 079

贷：应付债券　　50 000

应付债券——债券溢价　　2 076

在采用直线摊销法下，确认转换权价值时，每年摊销772元（3861元/5年）的债券折价，并在每年支付4000元利息的基础上，再增加772元的债券折价摊销，企业实际上承担4772元的利息费用；而在不确认转换权价值时，每年摊销415元（2076元/5年）的债券溢价，并在每年支付4000元利息的基础上减少415元的债券溢价摊销，企业实际承担3585元的利息费用。

在确认转换权价值的会计处理过程中，会导致企业实际承担的利息增多，企业所得额从而减少，起到了合理避税的目的，因此从有利于企业避税角度出发，应该选用确认转换权价值方法进行会计处理。上例中两种方法之间相差数额为4772–3585=1187元，其相差率为25%。

2. 债券转换的避税筹划技巧与案例

采用账面价值法时，将被转换债券的账面价值作为转换股票的价值，不确认转换损益；采用市价法时，换得股票的价值基础，是其市价或被转换债券的市价中较可靠者，并确认转换损益。

上例债券于1997年6月30日全部被转换为普通股2500股（50 000/1000×50），当时市价每股25元。福州天海电子公司用实际利率法摊销溢价，至1997年6月30日尚有未摊销额700元，其账面价值为50 700，则在两种方法下，转换的分录为：

方法一：账面价值法

借：应付债券	50 000
应付债券溢价	700
贷：股本	25 000
资本公积	25 700

方法二：市价法

借：应付债券	50 000
应付债券溢价	700
债券转换损失	11 800
贷：股本	25 000
资本公积	37 500

从企业避税角度出发，应选择市价法比较有利。本例中“债券转换损失”11 800元，按所得税率33%计算，可避税额3894元。

3. 税负转嫁的避税筹划技巧与案例

税负转嫁主要有两种基本形式：

前转：税负转嫁给买方。

后转：税负转嫁给卖方。如批发商纳税之后，因商品价格下跌，不能前转，就后转嫁给销售的生产厂商负担。

影响税负转嫁的因素：

（1）物价变动。价格不变，税负无转嫁可能；价格提高，税负可能由卖方转嫁给买方。

（2）供求弹性。商品需求弹性越大，税负向后转嫁给卖方；反之，为买方。

4. 欠账代销的避税筹划技巧与案例

（1）收取手续费。

委托方将 1000 万元的货物交受托方代销，手续费为 20%，营业税税率为 5%。

委托方：收入增加 800 万元，增值税销项 170 万元。

受托方：收入增加 200 万元，应交增值税为 0，应交营业税为 200 万元 × 5%=10 万元。

（2）买断。

委托方：收入增加 800 万元，增值税销项税额增加 136 万元。

受托方：收入增加 200 万元，增值税销项税额为 170 万元，进项税额为 136 万元。

委托方与受托方合计收入增加了 1000 万元，应交税金 170 万元。

与采取收取手续费方式相比，在视同买断方式下，双方虽然共节约税款 10 万元，但委托方节约 34 万元，受托方要多交 24 万元。

需要掌握哪些企业避税方略

避税是指纳税人在法律允许的范围内，采取一定的形式、方法和手段，避免或者减轻税负的行为。大体上有三种形式：合法型、非违法型、形式合法而内容不合法。

在实践中，有几种典型的避税方法可供参考：

1. 综合利用避税法

即企业通过综合利用“三废”开发产品从而享受减免税待遇。

（1）综合利用减免税的范围：

①企业在产品设计规定之外，利用废弃资源回收的各种产品；

②废渣的综合利用，利用工矿企业采矿废石、选矿尾矿、碎屑、粉尘、粉末、污泥和各种废渣生产的产品；

③废液的利用，利用工矿企业生产排放的废水、废酸液、废碱液、废油和其他废液生产的产品；

④废气的综合利用，利用工矿企业加工过程中排放的烟气、转炉铁合金炉回收的可燃气、焦炉气、高炉放散气等生产的产品；

⑤利用矿冶企业余热、余压和低热值燃料生产的热力和动力；

⑥利用盐田水域或电厂热水发展养殖所生产的产品；

⑦利用林木采伐，造林截头和加工剩余物生产的产品。

（2）企业采用综合利用避税法，应具备两个前提：

①使自己的产品属于减免税范围，并且得到有关方面认可；

②避税成本不是太大。否则，如果一个企业本不是综合利用型企业，为了获得减免税好处，不惜改变生产形式和生产内容，将会导致更大的损失。

2. 出口退税避税法

即利用中国税法规定的出口退税政策进行避税的方法。中国税法规定，对报关离境的出口产品，除国家规定不能退税的产品外，一律退还已征的增值税和消费税。出口退税的产品，按照国家统一核定的退税税率计算退税。

企业采用出口退税避税法，一定要熟悉有关退税范围及退税计算方法，努力使本企业出口符合合理退税的要求。至于有的企业伙同税务人员或海关人员骗取“出口退税”的做法，是不可取的。

3. 成本费用避税法

成本费用避税法是通过对企业成本费用项目的组合与核算，使其达到一个最佳值，以实现少纳税或不纳税的避税方法。采用成本费用避税法的前提，是在政府税法、财务会计制度及财务规定的范围内，运用成本费用值的最佳组合来实现最大限度地抵消利润，扩大成本计算。可见，在合法范围内运用一些技巧，是成本费用避税法的基本特征。

（1）材料计算避税法。

材料计算法是指企业在计算材料成本时，为使成本值最大所采取的最有利于企业本身的成本计算方法。材料是企业产品的重要组成部分，材料价格是生产成本的重要部分，因此，材料价格波动必然影响产品成本变动。但是在材料市场价格处于经常变动的情况下，材料费用如何计入成本，直接影响当期成本值的大小；通过成本影响利润，进而影响所得税的大小。

一般来说，材料价格总是不断上涨的，后进的材料先出去，计入成本的费用就高；而先进先出法势必使计入成本的费用相对较低。企业可根据实际情况，灵活选择使用。

如果企业正处于所得税的免税期，企业获得的利润越多，其得到的免税额就越多，这样，企业就可以通过选择先进先出计算材料费用，以减少材料费用的当期摊入，扩大当期利润。

相反，如果企业正处于征税期，其实现利润越多，则缴纳所得税越多，那么，企业就可以选择后进先出法，将当期的材料费用尽量扩大，以达到减少当期利润，少缴纳所得税的目的。

（2）折旧计算避税法。

折旧是固定资产在使用过程中，通过逐渐损耗（包括有形损耗和无形损耗）而转移到产品成本或商品流通费中的那部分价值。折旧的核算是一个成本分摊的过程，即将固定资产取得成本按合理而系统的方式，在它的估计有效使用期间内进行摊配。这不仅是为了收回投资，使企业在将来有能力重置固定资产，而且是为了把资产的成本分配于各个受益期，实现期间收入与费用的正确配比。

由于折旧要计入产品成本，直接关系到企业当期成本的大小、利润的高低和应纳税所得额的多少，因此，怎样计算折旧便成为十分重要的事情。

在计算固定资产折旧时，应该考虑以下几个因素：

①固定资产原值；

②固定资产残值；

③固定资产清理费用；

④固定资产使用年限。

从各个具体年份来看，由于采用加速的折旧法，使应计折旧额在固定资产使用前期摊提较多而后期摊提较少，必然使企业净利前期相对较少而后期较多。

不同的折旧方法对纳税企业会产生不同的税收影响。

首先，不同的折旧方法对于固定资产价值补偿和实物补偿时间会造成早晚不同。

其次，不同折旧方法导致的年折旧额提取直接影响到企业利润额受冲减的程度，因而造成累进税制下纳税额的差异及比例税制下纳税义务承担时间的差异。企业正是利用这些差异来比较和分析，以选择最优的折旧方法，达到最佳税收效益。

个体户提供应税劳务、转让无形资产和销售不动产应当征收的营业税，应根据不同的税收征收方式分别确定：对于采用定期定额征收营业税的个体户，由税务机关根据个体户提供应税劳务、转让无形资产和销售不动产的具体情况核定每月应缴纳的营业税税额；对于采用查账征收营业税的个体户，应当由个体户根据当期实际提供应税劳务、转让无形资产和销售不动产的金额计算应缴纳的营业税税额。

【例 1】小宇是开个体餐馆的个体户，税务局根据其营业情况核定其每月应缴纳营业税 1000 元。则小宇每月应按规定缴纳营业税 1000 元。

对于采用查账征收方式纳税的个体户，应当根据其提供应税劳务、转让无形资产和销售不动产的营业额来计算其应纳营业税额。

在具体进行会计核算时，个体户应当于每月月末根据当月实现的营业额和规定的税率，计算出应纳税额，进行会计处理。

【例 2】小付为个体旅馆的业主。经主管税务机关核定，该旅馆采用查账征收方式缴纳营业税。该旅馆除了客房外，还办有一个餐厅和一个卡拉 0K 歌舞厅。2001 年 8 月份旅馆取得营业收入情况如下表（单位：元）：

表 8–1 小付旅馆营业收入

客房营业收入	360 000
餐厅营业收入	80 000
卡拉 0K 歌舞厅收入	72 000

8 月末，该旅馆按照规定计算当月应纳营业税。

按照规定，纳税人兼营不同税目应税行为的，应分别核算不同税目的营业额。

客房和餐厅营业收入都属于“服务业”税目，应按5%税率征税。其应纳税额为：

应纳税额=（360 000+80 000）×5%=440 000×5%=22 000元

旅馆所属卡拉OK歌舞厅营业收入属于“娱乐业”税目。按照规定，经营娱乐业的营业额为经营娱乐业向顾客收取的各种费用，包括门票收费、台位费、点歌费、烟酒和饮料费以及经营娱乐业的其他各项收费。假定省政府规定娱乐业税率为20%，则其应纳税额为：

应纳税额=72 000×20%=14 400元

小付在具体进行会计核算时，对于当月应纳营业税额应作如下会计分录：

借：营业税金　　　　　　　　　36 400

贷：应交税金——应交营业税　　　　36 400

【例3】林东为林东美容院（个体）的业主，2001年9月根据“营业收入”账户资料，当月林东美容院实现营业额192 000元，另外，将林东美容院的名称有偿转让给另一个体户使用，按照协议规定由该个体户每月支付使用费10 000元。

月份终了，林东按规定计算出当月应纳的营业税。

首先，美容院实现的营业收入属于“服务业”税目，应按5%的税率征收营业税。

则应纳营业税额为：

营业额=192 000元

应纳税额=192 000×5%=9600元

其次，林东美容院将其名称有偿转让给他人使用，属于转让无形资产的行为，属于“转让无形资产”税目，应按5%的税率征收营业税。

则应纳营业税额为：

营业额=10 000 元

应纳税额=10 000 × 5%=500 元

则当月应纳税额为：

应纳税额=9600+500=10 100 元

在具体进行会计核算时，对于应缴的营业税应作如下分录：

借：营业税金　　　　　　　　　　10 100

贷：应交税金——应交营业税　　　　10 100

【例 4】冯强为某建筑队（个体）的业主。6 月份完工工程 3 项，收到全部工程款 780 000 元，另支付给某分包工程队工程款 160 000 元。另外，当月完成的工程中有一项为装修工程，取得收入 50 000 元，所用材料以 14 000 元由对方单位自备。

月份终了，冯强按规定计算出工程结算收入应纳的营业税。

首先，按照税法规定，建筑业的总承包人将工程分包或转包他人的，应以工程的全部承包额减去付给分包人或转包人的价款后的余额为营业额。但转包收入应由总承包人代扣代缴营业税。

其次，按照税法规定，施工单位从事建筑、修缮、装饰业务，无论与对方如何结算，其营业额均应包括工程所用原材料及其物资的价款在内。虽然其中一项装修工程采用包工不包料方式，材料由对方自备，在计算工程结算收入时并未包括原材料成本在内，但在计算纳税时应将原材料成本计入营业额。

则应纳营业税的营业额为：

营业额=780 000−160 000+64 000=684 000 元

则应纳营业税为：

应纳税额=684 000 × 3%=20 520 元

在具体进行会计核算时，冯强对于工程结算收入应纳的营业税应作如下分录：

借：营业税金　　　　　　　　　　20 520

贷：应交税金——应交营业税　　　　20 520

按照规定，对于建筑安装业务实行分包或者转包的，以总承包人为扣缴义务人。装修队在支付分包工程价款时，应按规定代扣代缴分包人应纳营业税。冯强在支付分包工程款时代扣的营业税为：

应纳税额=160 000×3%=4800 元

在具体进行会计核算时，对于代扣的营业税应作如下分录：

借：应付账款　　　　　　　　　　4 800

贷：应交税金——应交营业税　　　　4 800

企业境外投资如何合理避税

境外投资企业可以利用各国税法规定的差别或其允许的方法，采用各种公开、合法的手段进行财务安排和税务筹划，从而减少或消除税收负担，增加境外投资效益。

1. 地域避税法

企业境外投资的地域选择，必须综合分析投资环境等诸多因素，其中税务考虑是重要的方面。

（1）要考虑东道国对外资进入有无税收优惠政策。有许多国家，特别是发展中国家大都为外资进入提供低税或免税优惠政策，税收优惠通常以所得税优惠为主。如韩国、智利、马来西亚、新加坡、泰国、印度等国家都有这方面的规定。

（2）要考虑东道国对外资企业利润的汇出有无限制。有些发展中国家，一方面以低所得税甚至免税来吸引外资，同时又对外资企业的利润汇出实行限制，希望以此促进外商进行再投资。利润汇出包括境外企业的股息、利息、许可费和汇回利润等。对于利润汇出，世界各国有宽有严，标准各异，但一般是发展中国家比发达国家更严格一些。限制性措施通常有两种：一种是利用外汇管制等行政政策加以限制；另一种是利用预提税率等税收政策加以限制。

当今世界各国的预提税率差别很大，企业选择投资地点时不可忽视。此外，由于双边税收协定可使缔约国相互征收的预提税大为降低，因此还须注意东道国与母国之间是否签订了有关的税收协定。

企业也可以利用变更企业登记地或变更企业实际控制管理机构所在地的办法进行避税筹划。如果东道国是以登记注册地为标准，并且这个国家是高税国的话，那么企业就可以采取到低税国登记注册的办法；同样，若根据实际控制和管理机构所在地为标准，那么境外投资企业就可以采用将实际控制和管理机构转移到低税国的办法。

企业还可利用建立常设机构的方法进行避税。常设机构通常指母国企业在境外进行营业活动的工作场所，被许多国家认定为非居民公司而不作为征税对象。在常设机构的实际活动中，许多国家间签署的双边税收协定都规定了大量可以免征税收的活动，譬如货物仓储、货物购买、存货管理、广告宣传、信息提供或其他辅助性营业活动等。境外投资企业可通过在与该国签署双边税收协定的国家设立可以进行免税活动的常设机构来实现合法避税。

2. 组织形式避税法

企业境外投资选定地点以后，还要确定合适的企业组织形式。因为选择合适的企业组织形式也能实现减少纳税的目的。境外投资企业主要有两种组织形式：一是建立子公司；二是建立分公司。子公司是依照东道国的相关法规注册登记成立的独立法人，而分公司在法律意义上则隶属于总公司。

（1）从税务角度分析。

①要考虑境外投资企业在最初几年能否盈利。一般而言，多数长期投资项目在前几年会亏损，由于分公司的亏损大都可以直接抵免总公司的盈利，从而减少公司的总体税负，自然是以分公司的形式进行境外投资为佳。实际上，有许多跨国公司就是先以分公司的形式经营，直到分公司开始盈利，再设法使其成为子公司。

②要考虑若以子公司的形式对外投资，是否会有母国与东道国双重征税的可能性。一般来说，分公司向东道国政府交纳的所得税，都是可以用来抵免总公司税收的。

③要考虑股息及税后利润汇出的预提税。多数国家对于子公司的股息和税后利润汇出要征收预提税，而对分公司的股息和税后利润汇出则通常不计征预提税。

（2）采取子公司的组织形式的好处。

①子公司具有法人居民身份，可以享受东道国与其他国家签订的税收协定所提供的所有优惠，譬如可以减免预提税等。而分公司由于不具有东道国的居民身份，故而不能享受。

②子公司一般可以享受延期纳税优惠。许多发达国家规定：境外投资企业的利润未以股息形式汇回之前，母国公司可以不必为这笔收入交纳所得税。譬如美国《公司所得税法》就有此规定。而相反对分公司的收入则不管其是否汇回，一概计入公司应税所得。

因此，子公司与分公司两种形式各有利弊，境外投资企业要根据具体情况择优而选。

3. 避税港避税法

对所得与资产免税或按较低的税率征税或实行大量税收优惠政策的国家和地区，称为国际避税地（也称国际避税港）。

国际避税地通常有四个显著特点：一是对外国投资者征收较低所得税或免税，对跨国公司子公司支付给母公司的股息征收较低的预提税；二是具备良好的金融环境，如高效率的通信网络、训练有素的专业人员等；三是政治稳定；四是货币稳定并能与外币自由兑换。这些特点都为境外投资企业进行避税地避税筹划提供了依据和条件。

国际避税地大致有三种类型可以选择：

（1）“纯国际避税地”，即不征收个人所得税或企业所得税以及一般财产税的国家或地区。譬如巴哈马、开曼群岛、百慕大、瑙鲁、新喀里多尼亚、瓦努阿图、特克斯与凯科斯群岛、安道尔等国家或地区。境外投资者只需向当地有关部门注册登记，交纳一定的注册费用，而不必交纳其他税金。

（2）“半纯国际避税地”，即完全放弃居民税收管辖权而只实行地域税收管辖权的国家或地区。在这类国家或地区，只对来源或存在于当地的所得或财产征税，而不对来源或存在于国外的所得与财产征税。譬如中国香港、马来西亚、巴拿马、阿根廷、哥斯达黎加、利比里亚等国家或地区。

（3）“特别国际避税地”，即按照国际惯例制定税法并实行征税，但对外来投资者提供特别优惠税率的国家或地区。譬如加拿大、希腊、爱尔兰、卢森堡、荷兰、英国、菲律宾、巴巴多斯等国家或地区。

利用国际避税地进行避税筹划有如下几种基本技巧：

（1）在“半纯国际避税地”或“特别国际避税地”开办境外企业，从事正常的生产和经营活动，从而享受在所得和资产以及其他方面的减免税优惠。

（2）虚设避税机构。企业可以在避税地设立子公司，然后把母国企业销售给另一企业的货物，制造出该货物通过避税地子公司中转销售的假象，从而把母国企业的所得转移到避税地子公司的账面上。设立于避税地的子公司，实际上并不从事生产经营活动，而是专门从事避税活动的虚设机构，因此又被称为挂牌公司、纸面公司、文件公司或基地公司。

（3）虚设避税信托资产。即在避税地设立个人持股信托公司，然后将其财产虚设为避税地公司的信托财产，因为避税地对财产税实行减免征收。

4. 转移价格避税法

母国企业与境外子公司、境外子公司与境外子公司之间进行商品、劳务或技术交易时所采用的内部价格，称为转移价格。转移价格的制定是以实现公司的全球战略、追求全球利润最大化为根本目标。

转移价格主要包括两方面内容：一是有形产品的转移价格，如：公司内部相互提供的设备、零部件和原材料等价格；二是无形产品的转移价格，如：境外子公司付给母国企业或其他子公司的技术使用费、贷款利息、商标使用费、佣金费、管理费和咨询服务费等价格。

利用转移价格可以减少所得税。由于境外子公司往往分布在不同的国家和地区，这些国家和地区的所得税税率高低不同，企业可以利用这种差别，将盈利从高税率国家转移到低税率国家，从而减少企业的纳税额和关税。

利用转移价格避税筹划具体有两种策略可以选择：

一种策略是在母国企业与境外子公司或境外子公司与境外子公司之间进行商品交易时，以调低的价格发货，减少缴纳关税的基数。比如：某商品的正常价格为1000美元，在甲国要交80%的进口税，跨国公司如果采取折半的价格以500美元进行内部交易，进口税就可以从800美元减少到400美元，从而少缴50%的进口关税。

另一种策略是利用区域性关税同盟或有关协定对不同商品进口关税率所做的不同规定减少关税缴纳。有些区域性贸易集团为保护内部市场，促进商品在本区域内流通，对内部产品都制定优惠关税政策。如欧盟规定：如果商品是在该贸易区外生产的，或在该贸易区内生产的价格含量不足50%，那么由一成员国运往另一成员国时，必须缴纳关税。但如果该商品价值的50%以上是在该贸易区内增值的，则在该贸易区成员国间运销不用缴纳关税。

境外投资企业可以根据这种规定，采取相应的方法进行避税，将重点享受保税区、出口加工区的相关税收和外汇管理政策。主要税收政策为：国外货物入港区保税，货物出港区进入国内销售按货物进口的有关规定办理报关手续，并按货物实际状态征收；国内货物入港区视同出口，实行退税；港区内企业之间的货物交易不征增值税和消费税。

保税港在保税区的基础上，出口退税政策上有突破，保税港区在保税物流园区和出口加工区“入区退税”的基础上，进一步拓展至“入港退税”，退税范围更广，受益企业更多；在减免税的政策上有突破，在保税区、保税物流园区和出口加工区区内企业可退税的基础上，还扩展到港口建设，生产所用的建筑材料、生产设备、办公用品等都可享受减免税的政策。

【案例解读】“万福生科”财务造假

万福生科全称万福生科（湖南）农业开发股份有限公司，成立于2003年，2009年完成股份制改造，2011年9月在深圳证券交易所挂牌上市。2012年8月，湖南证监局在对万福生科的例行检查中偶然发现两套账本，万福生科财务造假问题便由此浮现。截止到2013年5月，证监会对该造假案件的行政调查已终结。调查结果显示，万福生科涉嫌欺诈发行股票和违法信息被披露。

“万福生科”财务造假手法及其表现

1. 高估收入，虚增利润。

万福生科2008—2012年主营业务收入分别为22 824万元、32 765万元、43 359万元、55 324万元和29 616万元，主营业务收入增长率分别为43.55%（2009）、32.33%（2010）、27.60%（2011）和-46.47%（2012）。而同属于农产品加工行业的、首批农业产业化国家重点龙头企业的湖南金健米业股份有限公司，其2009—2012年的主营业务收入增长率分别为2.27%、1.99%、13.86%和3.23%。二者同在湖南省常德市，且主营业务同为稻米精深加工，但是相差悬殊，让人难以置信。

金健米业在2011年年报中披露，行业由于受到国家宏观政策的影响，“就粮油食品产业而言，一方面国家对粮食的托市收购和通胀引起原料价格上涨和生产成本急剧上升，另一方面产品销价却受到国家对粮油价格调控的影响，产品成本上升和产品销价受压的两头受挤状况使粮油食品产业在产销量增长的情况下，经营毛利却明显下降”。但是万福生科同期的销售毛利率却达到金健米业的两倍，盈利指标畸高。后经证监会调查，其在2008—2012年半年报中，累计虚增销售收入90 500万元，虚增营业利润21 368万元。

2. 虚增资产，平衡报表。

虚增应收账款和预付账款。根据万福生科2012年半年报更正公告，其应收账款从1288万元更正为412万元，减少876万元；预付账款从14 570万元，更正为10 101万元，减少4469万元。半年报显示，万福生科应收账款前五位分别为常德市湘原贸易有限公司、湖南双佳农牧科技有限公司、乐哈哈食品厂、佛山南海娥兴粮油经营部、衡阳市炎健商贸有限责任公司。更正后，这五大客户从应收账款前五名客户名单中消失。由此可以基本判断，其应收账款金额前五名单位完全是虚假记载，其应收账款存在严重的伪造销售合同、虚拟销售业务等造假行为。

万福生科的预付账款2008—2010年变动不大，但是2011年猛增到11 938万元，比上期期末增长了449.44%；2012年半年报预付账款达到14 570万元，比上年同期增长412.13%，变动异常。该半年报显示的预付账款前五名中有三位自然人，更正后三位自然人消失，且名单上第二名为自然人童大全，预付金额1003万元，未结算原因为预付工程设备款，工程尚在建设中。而根据其2011年年报显示，公司与粮食经纪人童大全签订稻谷采购意向性合同，意向采购稻谷4000吨。经过万福生科策划，童大全从公司的粮食经纪人变成工程承包商和设备供应商。

虚增在建工程。万福生科2012年半年报显示，万福生科在在建工程没有项目转入固定资产的情况下，其在建工程从8675万元增加至17998万元，增加了8323万元。但是现金流量表中“购建固定资产、无形资产和其他长期资产支付的现金”只有5883万元，据此可以推测预付工程款或者应付工程款增加。报表中显示的预付账款增加了2632万元，但应付账款却只增加了379万元。应付账款和预付账款不仅包含投资活动的款项，还应包含经营活动的业务往来款项，两者的增加额与在建工程的增加相比实在微不足道，其中疑点颇多。

万福生科2011年年报和2012年半年报中对于在建工程的披露也存在着重大矛盾之处，在建工程项目在投入了大量资金后，工程进度反而降低了。如淀粉糖改扩工程和厂区绿化工程，在分别投入了2601万元和74万元之后，工程进度却分别从90%、100%降低到30%和85%。

3. 内部控制松弛，外部控制失效。

内部控制松弛。一般认为，高度集中型股权结构可能带来的后果就是大股东通过与代理人合谋或直接命令代理人来侵占小股东的利益，从而使得内部控制制度形同虚设。在股权集中度过高、缺少一定的股权制衡的情况下，会出现大股东凌驾于内部控制制度之上，使内部控制制度流于形式，从而达到操纵利润的目的。万福生科董事长兼总经理龚永福和董事杨荣华（二人为夫妻关系）分别持有公司29.99%的股份，合计为59.98%，而其他控股股东持股比例均不超过5%。在这种高度集中的股权结构下，公司实际控制人为龚永福、杨荣华夫妇。而对于2012年半年报的虚假记载和重大遗漏，万福生科也解释为内部控制管理放松，没有很好地执行内部控制制度，没有进一步加强法律意识和提高法制观念。

外部控制失效。企业在IPO过程中需要经过审计机构、保荐机构和证监会三重关卡审核，才能最终上市。但是在万福生科的上市之路中，审计机构中磊会计师事务所、保荐机构平安证券在执业过程中玩忽职守、利益至上，不仅未能履行监督职能，甚至成为财务造假的推手。而证监会也未能及时发现，最终导致财务造假丑闻的发生。

4. 发现可能性小，预期处罚过轻。

审计独立性缺失。会计师事务所是上市公司审计的主体，但是目前的审计状况是供求关系失衡、雇佣关系扭曲。审计服务市场整体供大于求，于是事务所不惜降低价格来招揽生意。而上市公司自己出钱审计自己，更是审计独立性不能保证的重要原因。上市公司拥有较强的议价能力，可能会促使审计业务以较低的金额成交。会计师事务所出于成本控制考虑会减少审计程序，降低审计质量。

在本案例中，对在建工程实施的有效审计程序是现场监盘，必要时需借助于专家的工作。但是出于审计成本的考虑，中磊会计师事务所可能不会聘用专家，而注册会计师可能由于缺乏工程管理专业知识，无法取得有效的审计证据进而发表合理的审计意见。另外，目前我国的会计师事务所的组织形式多为有限责任制，最低注册资本为 30 万元。在审计失败预期成本较低的情况下，会计师事务所有可能为了自身的经济利益，与被审计单位合谋，共同参与舞弊。同时，由于保荐机构与上市公司在利益取向上一致，一些保荐机构为了获取巨大的承销收入和保荐收入，只荐不保，甚至为企业造假上市“保驾护航”。

经济预期不公正。由于我国现行法律的不完备性产生的低违规成本，会诱导上市公司形成经济不公正的预期，进而以财务造假手段谋取不正当利益。一方面，行政处罚较轻。《证券法》第 189 条规定：发行人不符合发行条件，以欺骗手段骗取发行核准，尚未发行证券的，处以 30 万元以上 60 万元以下的罚款；已经发行证券的，处以非法所募资金金额 1% 以上 5% 以下的罚款。而此次万福生科欺诈上市仅被证监会处以 30 万元罚款，并未终止上市，处罚力度非常有限。另一方面，民事赔偿的执行较弱。由于我国证券市场相关立法相对滞后，有关涉及证券市场民事赔偿纠纷的案件，实体法上的一些基本问题并没有具体详尽的规定，一旦涉及诉讼，对法院有关当事人而言，将无所适从。通过民事诉讼解决投资者赔偿问题一直是取证难、认证难、耗时长、索赔少。

治理财务造假的建议

1. 加强公司内部控制建设，建立内部制衡机制。

一是提高公司管理层对于内部控制的认知度，营造良好的内部控制环境。内部控制制度执行的效果在很大程度上受到管理层对其认知度的影响。只有管理层高度重视，内部控制环境良好，内部控制制度才能最大限度地防止并及时发现和纠正错误及舞弊行为。二是完善公司内部控制制度。几乎所有的财务造假事件背后都与内部控制的薄弱相联系。公司应该结合自身实际情况，合理制定内部控制制度，从而保证公司财产物资的安全和会计信息的质量。三是建立和完善符合现代公司管理要求的内部组织结构，形成科学的决策机制、执行机制和监督机制。要加强独立董事制度建设，充分发挥独立董事的作用，建立起公司内部有效的制衡、约束和监督检查机制，防止因股权过于集中导致的控制权滥用和利益侵占下的财务造假问题。

2. 加强中介机构监督管理，推行审计机构轮换制度。

一是完善中介机构内部控制制度，加强风险管理。要求中介机构完善内部控制制度并夯实内部控制制度各项要求，将内部控制责任落实到岗、细化到人、贯穿于每一个申报项目之中。二是完善内部问责机制。中介机构主要负责人要承担起管理责任，对项目遴选、项目论证、原始材料提供、项目执行等各个环节，项目各环节签字人员均要承担相应责任，切实加强内部监督检查，强化风险管控。三是推行审计机构轮换制度。审计独立性是审计师的灵魂，缺乏独立性的审计质量是得不到保证的。建议实行上市公司审计机构轮换制度，以增强审计机构的独立性。

3. 提高违规成本，探索新的民事赔偿机制，形成经济预期公正。

一是尽快完善相关法律细则，推动资本市场监督惩罚机制的建立与发展，加大处罚和执行力度，提高公司财务造假成本，增加中介机构违规风险，使其与预期获利相平衡。这样才能形成经济预期公正，减少财务造假行为的发生。二是深化以信息披露为中心的新股发行体制改革。重点加大对欺诈发行、财务造假和虚假披露等违规失职行为的惩处力度。三是加快构建社会诚信档案，动态记录企业造假行为，强化社会监督，实行信息公开，加大稽查和处罚力度，增加财务造假风险。只有高额的违规成本和较大的暴露风险，一些抱着侥幸心理的公司才会思量再三，停止造假。四是积极探索新的民事赔偿机制。万福生科案件中，保荐机构平安证券推出了对适格投资者的先行补偿方案，万福生科实际控制人龚永福也将3000万股万福生科股票质押给中国证券投资者保护基金有限责任公司作为履行赔偿责任的保证。积极探索利用市场化机制保护投资者合法权益的方案，如上述市场违法主体先行补偿投资者损失值得鼓励。

4. 加强执业人员诚信建设，提高专业胜任能力。

一方面，要加强以诚信为目标的会计、审计人员和保荐代理人职业道德建设，必须多管齐下，开展全方位、多形式、多渠道的职业教育，逐步培养职业道德情感，树立职业道德观念，提高职业道德水平。另一方面，要提高相关中介机构如审计人员和保荐代理人等的专业胜任能力。由于现代审计的复杂性、财务造假手段的隐蔽性，审计人员和保荐代理人的专业胜任能力至关重要。在对万福生科的审计过程中，如果审计人员具有扎实的工程管理专业知识则或许可避免审计疏漏。因此，只有提高审计人员的专业胜任能力，才能切实提高审计质量，防范财务造假。

第九章

F 9 I N A N C E

避开财务风险
让企业越走越远

企业财务风险和预警的研究，无论对微观的风险规避，还是宏观的经济预测、监督管理，均发挥着至关重要的作用。每个从事经济活动的人均应该深入了解和掌握企业财务风险分析和预警的相关知识，并真正将企业财务风险预警应用到各项经济活动中。

负债经营有利于提高企业的经营规模，增强企业的市场竞争能力。企业通过举债可以在较短的时间内筹集足够的资金扩大经营规模，参与市场竞争。负债筹资是一把双刃剑，既可带来财务杠杆利益，又能引起筹资风险。

警惕三种财务风险

企业财务风险和预警的研究，无论对微观的风险规避，还是对宏观的经济预测、监督管理，均发挥着至关重要的作用。只要你是一个从事经济活动相关的人或机构，无论你站在债权人、投资人、管理者或合作伙伴的任何角度，都要随时与企业的财务风险打交道，因此，每个从事经济活动的人均应该深入了解和掌握企业财务风险分析和预警的相关知识，并真正将企业财务风险预警应用到各项经济活动中。

1. 银行的信贷风险

银行对国家经济的健康发展极为重要。1929 年美国股市崩盘，经济危机开始爆发，银行系统遭受重大打击，最终演变为美国经济长达十数年的大萧条。日本 1990 年股市崩盘，许多银行倒闭破产，随后的 10 年经济一直没有明显起色。2000 年美国新经济泡沫破灭，股市步入熊市；2007 年金融次贷危机爆发以来，美国金融和银行体系再次遭受重大打击，并严重波及世界经济，至今尚未恢复。我国经济发展 30 年，银行界尚未遭受严重危机，但是，银行的信用风险仍然不能忽视，甚至应该说是严峻的。

2010 年信贷余额约为 50 万亿元为基数（当年信贷余额增幅 20%），如以 2009 年末的银行股本衡量，到年底全行业的整体资本加拨备对信贷的覆盖率约为10%~11%，资本总量约在5万亿元左右。同期，问题资产规模若以不良贷款加关注类贷款计算，保守假设全行业的关注类贷款为不良贷款的2倍，总额约为4.5万亿元左右。较悲观的观点认为，至2011年，整个中国银行业的资产不良率将上升到10%左右，这意味着不良贷款将至少翻番。

虽然中国银行业已全面实行贷款五级分类制度，但在一些银行基层机构，通过“借新还旧”改变部分贷款的期限使其没有逾期，仍是不良贷款抓降和清收的主要方式，等于只是将原本已属不良的贷款划在关注类，借款人往往也按时支付利息。在经济环境大幅恶化的压力测试环境下，关注类贷款很容易变成不良贷款，导致不良贷款规模的余额达到甚至超过行业整体资本的局面出现。从这个角度看，国内银行业的潜在信贷风险不言而喻。

银行的经营者和金融系统监管部门只有正视金融领域的财务风险的必然性、紧迫性和严重危害性，加快完善银行信贷风险管理措施，重视对企业的财务风险预警技术和使用革新，才能在风险来临时尽可能降低对银行造成的损失。

2. 泛金融机构信用风险

泛金融机构包括担保公司、信用保险公司、金融租赁公司、保理机构、小额贷款公司、典当公司、资产管理公司、财务公司等。泛金融机构的信用风险更高，究其原因，主要有以下五个方面。

（1）信息不对称。这些机构服务对象多为中小企业，中小企业信息资源封闭，信息披露方法和信息传输机制不健全，内部会计信息可信度低，这些机构难以从一般渠道获得这些信息。

（2）中小企业偿债意识差。中小企业在发展过程中，其决策的随意性程度较高，这导致其经营业绩较差、企业寿命较短。同时，在当前的社会信用制度环境下，多数中小企业信用观念淡薄，还款动力不强。在市场惩罚机制不力的情况下，中小企业的失信成本普遍较低，在比较失信成本和收益之后，中小企业极易选择拖欠逃废债务的短期行为。

（3）监控力度小。非银行金融机构的共性体现在对存量客户的监控力度都非常小。只要客户获得了信贷资金，这些机构对客户的后期监控措施就变得非常薄弱。绝大多数机构对存量客户的管理睁一只眼闭一只眼，并且往往自欺欺人地抱怨自己处于弱势，无法获得客户的资料信息。

（4）行业竞争激烈，为争夺客户，非银机构门槛进一步降低。随着企业获得资金支持的渠道不断增多，非银行金融机构相互竞争也日趋激烈。有些企业公然声称，如果有过严的审批环节就放弃贷款，造成有些机构在审查时放松审批要求，给机构带来很高的风险隐患。

（5）风险管理水平相对较低。由于这些机构都是新兴的机构，无论在人才、知识还是经验上都处于较低水平，当业务量较少的情况下还可以通过低效、原始的方法进行风险控制，一旦业务发展到一定阶段，业务量较为庞大时，对风险控制能力就会大幅降低，企业风险成倍增加。

由于这些非银行金融机构业务的特殊性，其面临风险的作用机制及表现形式相当复杂。这些业务的风险发生机制与一般保险业所经营的客观的、可预期的风险又有很大区别，项目的金额、期限各异，反担保措施的落实程度千差万别，项目的离散性很大，其发生具有很强的主观性与不确定性，大多数业务无法像保险业务可以通过统计学的方法，比较精确地计算出风险损失的概率，大多数法则也无法或短期内难以适用。

正因为如此，这些机构必须强化信用风险管理和预警，对信贷项目应更多地运用财务风险预警方法，将风险控制在可接受的范围内。

3. 企业赊销信用风险

企业赊销已经成为我国企业销售的主要手段。我国从上个世纪末期进入买方市场以来，我国各行业竞争非常激烈。从商务部研究院的统计数据看，企业赊销比重从2005年到2009年逐年提高。2005年，赊销比例超过30%的企业占所有被调查企业的比重为60.1%，到了2009年，这个比例提高到93.3%，提高了33.2%；2005年，赊销比例超过75%的企业占所有被调查企业的比重为32.2%，2009年这个比例提高到59.6%，提高了11.4%。换句话说，2009年，有60%的企业其绝大多数销售或全部销售都采用了赊销方式。

但是，在中国企业大规模赊销的同时，企业赊销的信用风险却巨大。由于没有建立科学规范的赊销信用管理制度和技术方法，我国企业信用交易风险非常高，账款拖欠现象严重。

据商务部研究院统计，2009年我国企业的平均坏账率为2.6%，应收账款平均回收时间为60~90天，信用成本率5%，企业的利润被坏账、拖欠款成本和管理费用严重吞噬，很多企业甚至因此倒闭破产。

而欧美企业的平均坏账率只有0.25%~0.5%，应收账款平均回收时间为40天左右，信用成本率只有1.5%~2%。信用管理方面的巨大差距使我国企业的经营能力和获利能力远远低于欧美企业。

不要忘了结账和对账

1. 对账

企业应定期做好对账工作，做到账证相符、账账相等、账实相符等。会计对账工作的主要内容包括：

（1）账证核对。将账簿记录与会计凭证进行核对，核对账簿记录与原始凭证、记账凭证的时间、凭证字号、内容、金额是否一致，记账方向是否相符。

（2）账账核对。即利用各种账簿之间的钩稽关系，通过账簿间的相互核对，做到账账相符。

账簿之间的核对包括以下内容：

①核对总分类账簿的记录；

②总分类账簿与所属明细分类账簿核对；

③总分类账簿与序时账簿核对；

④明细分类账簿之间的核对。

（3）账实核对。即将各项财产物资、债权债务等账面余额与实有数额进行核对，做到账实相符。核对内容主要包括：

①现金日记账账面余额与库存现金数额是否相符；

②银行存款日记账账面余额与银行对账单的余额是否相符；

③各项财产物资明细账账面余额与财产物资的实有数额是否相符；

④有关债权债务明细账账面余额与对方单位的账面记录是否相符等。

2. 结账

结账是一项将账簿记录定期结算清楚的账务工作。

（1）结账的程序。

①将本期发生的经济业务全部登记入账，并保证其正确性。

②根据权责发生制的要求，调整有关账项，合理确定本期应计的收入和应计的费用。具体包括应计收入和应计费用的调整、收入分摊和成本分摊的调整两类。

③将损益类科目转入“本年利润”科目，结平所有损益类科目。

④结算出资产、负债和所有者权益科目的本期发生额和余额，并结转下期。

（2）结账的方法。

①对不需按月结计本期发生额的账户，每次记账以后，都要随时结出余额，每月最后一笔余额即为月末余额。月末结账时，只需要在最后一笔经济业务记录之下通栏划单红线，不需要再结一次余额。

②现金、银行存款日记账和需要按月结计发生额的收入、费用等明细账，每月结账时，要在最后一笔经济业务记录下面通栏划单红线，结出本月发生额和余额，在摘要栏内注明“本月合计”字样，在下面通栏划单红线。

③需要本年累计发生额的某明细账户，每月结账时，应在“本月合计”行下结出自年初起至本月末止的累计发生额，登记在月份发生额下面，在摘要栏内注明“本年累计”，就是全年累计发生额，全年累计发生额下通栏划双红线。

④总账账户平时只需结出月末余额。年终结账时，将所有总账账户结出全年发生额和年末余额，在摘要栏内注明“本年合计”

字样，并在合计数通栏划双红线。

年度终了结账时有余额的账户，要将其余额结转下年，并在摘要栏注明“结转下年”字样；在下一年会计年度新建有关会计账户的第一余额栏内填写上年结转的余额，并在摘要栏注明“上年结转”字样。

如何避免负债风险

负债经营有利于提高企业的经营规模，增强企业的市场竞争能力。市场经济是竞争经济，竞争的成败除了与竞争方式等有关外，还取决于企业的竞争实力，即企业的资金规模。企业通过举债可以在较短的时间内筹集足够的资金扩大经营规模，参与市场竞争。

我国目前阶段，企业普遍面临资金短缺问题，筹资就成为企业的一个非常重要的财务渠道。负债筹资是现代企业的主要筹资方式之一，也是企业普遍采用的筹资方式。有负债就会有筹资风险，因此，因负债而引起的风险也是每个企业都不能回避的现实问题。

1. 筹资风险的来源

筹资风险，是指与企业筹资相关的风险，一般是指由于资金供需情况、宏观经济环境等因素的变化，企业筹集借入资金给财务成果带来的不确定性。它有两层含义，一是指负债筹资导致企业所有者收益下降的风险；二是指负债筹资可能导致企业财务困难甚至破产的风险。

企业的筹资风险主要来源于以下几个方面：

（1）企业投资利润率和借入资金利息率的不确定性。

当企业投资利润率高于借入资金利息率时，企业使用一部分借入资金，可以因财务杠杆的作用提高自有资金利润率；当企业投资利润率低于借入资金利息率时，企业使用借入资金将使自有资金利润率降低，甚至发生亏损，严重的则因资产负债率过高或不良资产的大量存在，导致资不抵债而破产。

（2）企业经营活动的成败。

负债经营的企业，其还本付息的资金最终来源于企业的收益。如果企业经营管理不善，长期亏损，那么企业就不能按期支付债务本息，这样就给企业带来偿还债务的压力，也可能使企业信誉受损，不能有效地再去筹集资金，导致企业陷入财务风险。

（3）负债结构。

借入资金和自有资金比例的确定是否适当，与企业财务上的利益和风险也有着密切的关系。在财务杠杆作用下，当投资利润率高于利息率时，企业扩大负债规模，适当提高借入资金与自有资金之间的比率，就会增加企业的权益资本收益率。反之，在投资利润率低于利息率时，企业负债越多，借入资金与自有资金比例越高，企业权益资本收益率也就越低，严重时企业会发生亏损甚至破产。同时，负债规模一定时，债务期限的安排是否合理，也会给企业带来筹资风险。若长、短期债务比例不合理，还款期限过于集中，就会使企业在债务到期日还债压力过大，资金周转不灵，影响企业的正常生产经营活动。

（4）利率变动。

企业在筹措资金时，可能面临利率变动带来的风险。利率水平的高低直接决定企业资金成本的大小。当国家在实行“双松”政策，即扩张的财政政策和宽松的货币政策时，货币的供给量增加，贷款的利息率降低，企业此时筹资，资金成本较低，企业所负担的经营成本减少，这样就降低了企业的筹资风险；相反，当实行“双紧”政策，即紧缩的财政政策和货币政策时，货币的供给量萎缩，贷款的利息率提高，企业此时筹资，资金成本增加，企业所负担的经营成本提高，这样企业就要承担较大的筹资风险。

（5）汇率变动。

企业倘若筹借外币，还可能面临汇率变动带来的风险。当借入的外国货币在借款期间升值时，企业到期偿还本息的实际价值就要高于借入时的价值；当汇率发生反方向变化时，即借入的外币变软（贬值）时，可以使借款企业得到“持有收益”，即由于借入外币的贬值，到期仍按借入额归还本金，按原利率支付利息，从而使实际归还本息的价值减少。

（6）决策失误。

投资项目需要投入大量的资金，如果决策失误、项目失败或由于种种原因不能很快建成并形成生产能力，无法尽快地收回资金来偿还本息，会使企业承受巨大的财务危机。

2. 负债经营的利弊分析

负债筹资是一把双刃剑，既可带来财务杠杆利益，又能引起筹资风险。用负债筹集来的资金从事生产经营的活动，即负债经营。在资本结构一定的条件下，企业从息税前利润中支付的债务利息是相对固定的，当息税前利润增多时，每一元息税前利润所负担的债务利息就会相应地降低，扣除所得税后可分配给企业所有者的利润就会增加，从而给企业所有者带来额外的收益，即财务杠杆利益。

同理，由于负债经营的作用，当税前利润下降时，税后利润下降得更快，从而导致企业所有者收益大幅度下降，甚至可能导致企业破产。对企业来说，采用负债经营必须衡量由其带来的收益和风险损失。因此，研究负债经营对企业产生的积极作用和消极作用有着重要的意义。

（1）负债经营对企业的积极作用。

①负债经营有利于提高企业的经营规模，增强企业的市场竞争能力。市场经济是竞争经济，竞争的成败除了与竞争方式等有关外，还取决于企业的竞争实力，即企业的资金规模。企业通过举债可以在较短的时间内筹集足够的资金扩大经营规模，参与市场竞争。

②负债经营可使企业得到财务杠杆效益，提高企业股东的收益。在投资利润率大于债务利息率的情况下，由于企业支付的债务利息是相对固定的，当息税前利润增加时，每一元息税前利润所负担的债务利息就会相应降低，从而给企业所有者带来额外的收益。

③负债可以使企业获得节税收益。企业负债应按期支付利息，根据现代企业会计制度中的有关规定，负债利息应在税前支付。在同样经营利润的条件下，负债经营与无债经营企业相比，由于上缴的所得税减少，企业可获得潜在的利益。

④负债经营可减少货币贬值的损失。在通货膨胀的情况下，利用举债扩大再生产比自我积累资本更有利，因为通货膨胀可以导致货币贬值，借款与还款时的利率差，使债务人偿还资金的实际价值比没发生通货膨胀时的价值要小，实际上债务人将货币贬值的风险转嫁到债权人身上，减少了由于通货膨胀造成的损失。

⑤可以降低综合资金成本。企业借入资金，不论盈亏均应按期偿还本息，对于债权人来说风险较小。同时，企业除还本付息外，不再承担其他经济责任，不像发行股票那样，在税后还要支付一笔不小的股利，而且企业支付的利息是在成本中列支的，不

需要负担所得税。因此，比较而言，债务的资金成本一般低于权益资本成本，从而有利于降低综合资金成本。

（2）负债经营对企业的消极作用。

①负债经营增加了企业的财务风险。企业进行负债经营必须保证投资收益高于资金成本，否则，将出现收不抵支或发生亏损，降低了偿债能力。在负债数额不变的情况下，亏损越多，以企业资产偿还债务的能力就越低，财务风险也就越大。过度的高额负债，使筹资风险增大，不仅需要支付巨额的利息，而且降低了企业的安全性和竞争能力，危及企业的生存与发展，最终将因无力偿还债务而破产倒闭。终极的财务风险表现为企业破产清理后的剩余财产不足以支付债务。

②过度负债降低了企业的再筹资能力。企业过度负债，导致债务负担过大。企业债务到期，若不能按期足额还本付息，就会影响到企业的信誉。若是信誉好的企业，可以很容易地举新债还旧债；但是信誉不好的企业，金融机构或其他企业就不愿再给此企业提供资金，再筹资能力也就降低了。

③负债比率过高，可导致股票市场价格下跌。就股份制企业而言，负债经营所产生的财务风险，不仅影响企业所有者权益，而且还会影响到股票的市场价格。当负债率超过允许范围，负债比率越高，股票风险越大，其市场价格也必然随着下降。

④增加了企业的经营成本，影响资金的周转。企业负债经营必须按期支付本息，一方面增加了企业的经营成本；另一方面如果还款期限比较集中，短期内要求企业筹集巨额资金还债，就会影响企业资金的周转和使用。

3. 筹资风险的防范

负债经营是现代企业的主要经营手段之一，运用得当会给企业带来收益，成为发展经济的有力杠杆。但是，如果运用不当，则会使企业陷入困境，甚至会将企业推到破产的境地。因此，企业对负债经营的风险应有充分的认识，必须采取防范负债经营风险的措施。

（1）应树立风险意识。

在社会主义市场经济体制下，企业成为自主经营、自负盈亏、自我约束、自我发展的独立商品生产者和经营者，企业必须独立承担风险。企业在从事生产经营活动时，内外部环境的变化，导致实际结果与预期效果相偏离的情况是难以避免的。如果在风险临头时，企业毫无准备，一筹莫展，必然会招致失败。因此，企业必须树立风险意识，即正确承认风险，科学估测风险，预防发生风险，并且有效应付风险。

（2）应建立有效的风险防范机制。

企业必须立足市场，建立一套完善的风险预防机制和财务信息网络，及时对财务风险进行预测和防范，制定适合企业实际情况的风险规避方案，通过合理的筹资结构来分散风险。如通过控制经营风险来减少筹资风险，充分利用财务杠杆原理来控制投资风险，使企业按市场需要组织生产经营，及时调整产品结构，不断提高企业的盈利水平，避免由于决策失误而造成的财务危机，把风险减少到最低限度。

（3）应确定适度的负债数额，保持合理的负债比率。

负债经营能获得财务杠杆利益，同时企业还要承担由负债带来的筹资风险损失。为了在获取财务杠杆利益的同时避免筹资风险，企业一定要做到适度负债经营。企业负债经营是否适度，是指企业的资金结构是否合理，即企业负债比率是否与企业的具体情况相适应，以实现风险与报酬的最优组合。在实际工作中，如何选择最优化的资金结构，是复杂和困难的，对一些生产经营好、产品适销对路、资金周转快的企业，负债比率可以适当高些；对于经营不理想、产销不畅、资金周转缓慢的企业，其负债比率应适当低些，否则就会使企业在原来商业风险的基础上，又增加了筹资风险。根据国家有关部门统计，目前我国企业资产负债率普遍过高，一般在70%左右，有的在80%以上，为了增强抵御外界环境变化的能力，我国企业必须着力于补充自有流动资本，降低资产负债率。

（4）应根据企业实际情况，制订负债财务计划。

根据企业一定资产数额，按照需要与可能安排适量的负债。同时，还应根据负债的情况制定出还款计划。如果举债不当，经营不善，到了债务偿还日无法偿还，就会影响企业信誉。因此，企业利用负债经营加速发展，就必须从加强管理、加速资金周转上下功夫，努力降低资金占用额，尽力缩短生产周期，提高产销率，降低应收账款，增强对风险的防范意识，使企业在充分考虑影响负债各项因素的基础上，谨慎负债。在制定负债计划的同时须制定出还款计划，使其具有一定的还款保证，企业负债后的速动比率不低于1:1，流动比率保持在2:1左右的安全区域。只有这样，才能最大限度地降低风险，提高企业的盈利水平。同时还要注意，在借入资金中，长短期资金应根据需要合理安排，使其结构趋于合理，并要防止还款期过分集中。

（5）针对由利率变动带来的筹资风险，应认真研究资金市场的供求情况，根据利率走势，把握其发展趋势，并以此做出相应的筹资安排。

在利率处于高水平时期，尽量少筹资或只筹急需的短期资金。在利率处于由高向低过渡时期，也应尽量少筹资，不得不筹的资金，应采用浮动利率的计息方式。在利率处于低水平时，筹资较为有利。在利率处于由低向高过渡时期，应积极筹集长期资金，并尽量采用固定利率的计息方式。

另外，对于筹集外币带来的风险，应从预测汇率变动的趋势入手，制定外汇风险管理战略，通过其内在规律找出汇率变动的趋势，采取有效的措施防范筹资风险。并且在预测汇率变动的同时，还应在筹资战略上和具体筹资的过程中做出防范风险的安排。例如：注意债务币种和期限的分散以及对债务货币实行“配对管理”等。

总之，企业负债经营，就必须承担筹资风险。企业应在正确认识筹资风险的基础上，充分重视筹资风险的作用及影响，掌握筹资风险的防范措施，使企业既获得负债经营带来的财务杠杆收益，同时将风险降低到最低限度，使负债经营更有利于提高企业的经营效益，增强企业市场竞争力。

认清盈亏临界点

盈亏临界点，是指企业收入和成本相等的经营状态，即边际贡献等于固定成本时企业所处的既不盈利又不亏损的状态。通常用一定的业务量来表示这种状态。

1. 如何计算盈亏临界点

设以P代表利润，V代表销量，SP代表单价，VC代表单位变动成本，FC代表固定成本，BE代表盈亏临界点，根据利润计算公式可求得盈亏临界点的基本模型为：销售收入=变动成本+固定成本（见下图）。

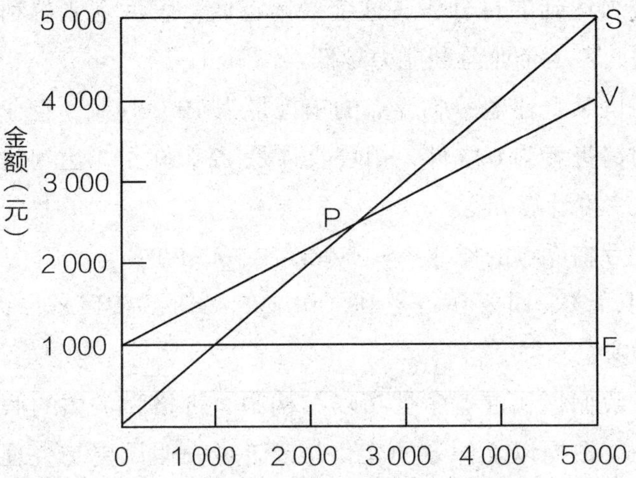

图 9-1 盈亏临界点的计算

按实物单位计算：

其中，设某产品单位售价为10元，单位变动成本为6元，相关固定成本为8000元，则盈亏临界点的销售量（实物单位）=8000÷（10-6）=2000（件）。贡献毛益=单位产品销售收入-单位变动成本。

按金额综合计算：

盈亏临界点的销售量（用金额表现）=固定成本 ÷ 贡献毛益率

其中，贡献毛益率=贡献毛益/销售收入

2. 盈亏临界点的作业率

是指盈亏临界点的销售量除以企业正常开工完成的销售量。其计算公式如下：

达到盈亏临界点的作业率=（盈亏临界点销售量/正常销售量）×100%

该指标表示企业要达到处于不盈利不亏损的状态时，其生产的开工率必须达到的百分比。这个指标越低，表示企业盈利能力越大；反之，表示企业盈利能力越低。

例：假设某企业盈亏临界点的销售量为10 000元，企业正常开工完成的销售量为625件，销售收入是12 500元，达到盈亏临界点的作业率可计算如下：

达到盈亏临界点的作业率=10 000/12 500=80%

它说明，该公司要获得盈利，作业率必须提高到80%以上，否则，就会发生亏损。

因此，我们说，在竞争性市场结构中，价格为常数的假设是不切实际的。根据以上假设的变化，或者说使假设更趋合理，在中短期中生产能力已受到限制，成本曲线也已改变，盈亏临界点不再是一个，最大利润点已不是产销量的简单函数，而是在某一区域中的某一产销量点。然而，这是因为价格实际上是收入线与横轴夹角的正切，变动价格或改变这一三角函数值，即意味着收入线以原点为中心进行转动。

如何运用财务计划来防范经营风险

总经理要想帮助企业成功防范风险，就必须要做好企业的财务计划，或者是协助相关部门做好财务计划。财务计划是企业整体经营计划中重要的一部分，财务计划是根据公司经营计划对企业资金供求状况所做的预测和安排。一般来说，制订财务计划要经历以下几个步骤：

（1）确定资产及资金数额。

根据公司所做的经营计划中的安排和要求，确定需要实现公司经营计划所必备的资产数额及购置资产所需的资金数额。如厂房建设、设备采购等固定资产投资计划及所需要的资金数额，重要的广告、公关宣传所需要的资金数额，存货及应收款项的数额，研究与开发计划，等等。按照这些经营计划，选定制订计划的方法。

（2）分析可利用资金来源及数额。

及时分析公司计划期内的各种可利用资金来源及可获得的数额。如需要增加投入的数额、企业内部积累的数额、可从企业外部借入的数额，等等。需要注意的是，在进行这一步骤时，必须要考虑不同的筹资渠道给企业财务指标和其他相关指标带来的约束和影响，如资产负债率、流动比率、利息保障倍数，等等。

（3）建立推行资源分配控制系统。

建立和推行资源分配控制系统，保证资金能够顺利按照计划的分配投入使用，以保证财务计划的正常实施。

（4）制订计划调整程序。

在执行计划的过程中，实际的执行过程常常会偏离计划的预测范围，从而使原计划与实际情况相去甚远，变得不再适用。这时，就需要根据实际的情况随时对原计划进行修正、调整。只有事先对计划的调整、修正的方法和程序作出规定，才能保证计划调整、修正能够顺利进行。

关于如何制订财务计划，方法有许多种，这里简单介绍两种。

（1）销售额比例法。

销售额比例法是一种使用频率最高、最有效的财务预测和财务计划制定方法。使用这种方法可以假设：各项资产和部分负债与销售额成比例变化；企业资产负债表所给出的各项资产、负债和股东权益已是最佳的比例，而在未来公司将继续沿用这些比例。

在以上所有假设的基础上，可以按以下的步骤进行资金需求预测，制订财务计划：

①预测销售额的变化；

②找出资产负债表和损益表中直接与销售额成比例变化的各项具体内容，并根据它们与销售额变化的比例关系，确定它们在新的销售额下的数值；

③确定为适应销售额和以上的相关关系的变动，资产负债表中的其他各项内容，主要是股东权益和非自发性负债会做出怎样的变化，即确定外部资金需求数额；

④根据相关财务指标的约束要求，确定外部资金筹措计划。

（2）回归分析法。

还有一种常用的方法是回归分析法。通常而言，各项资产与销售额存在着一定的函数关系，而这个关系并不就是销售比例法中所假设出的各种同比例增长关系。这时，可以使用回归分析法，就能顺利找出各项资产与销售额之间的函数关系，进而预测各项资产随销售额而发生变化的情况。

杠杆利益与风险

杠杆利益与风险是企业资本结构决策的一个基本因素。企业的资本结构决策应当在杠杆利益与风险之间进行权衡。本节将分析并衡量营业杠杆利益与风险、财务杠杆利益与风险以及这两种杠杆利益与风险的综合——联合杠杆利益与风险。

1. 营业杠杆利益与风险

（1）营业杠杆原理。

①营业杠杆的概念。营业杠杆，亦称经营杠杆或营运杠杆，是指企业在经营活动中对营业成本中固定成本的利用。企业营业成本按其与营业总额的依存关系可分为变动成本和固定成本两部分。其中，变动成本是指随着营业总额的变动而变动的成本；固定成本是指在一定的营业规模内，其总额不受营业总额变动的影响而保持相对固定不变的成本。企业可以通过扩大营业总额而降低单位营业额的固定成本，从而增加企业的营业利润，如此就形成企业的营业杠杆。企业利用营业杠杆，有时可以获得一定的营业杠杆利益，有时也承受着相应的营业风险即遭受损失。可见，营业杠杆是一把“双刃剑”。

②营业杠杆利益分析。营业杠杆利益是指在企业扩大营业总额的条件下，单位营业额的固定成本下降而给企业增加的营业利润。在企业一定的营业规模内，变动成本随着营业总额的增加而增加，固定成本则不因营业总额的增加而增加，而是保持固定不变。随着营业额的增加，单位营业额所负担的固定成本会相对减少，从而给企业带来额外的利润。

③营业风险分析。营业风险，亦称经营风险，是指与企业经营有关的风险，尤其是指企业在经营活动中利用营业杠杆而导致营业利润下降的风险。由于营业杠杆的作用，当营业总额下降时，营业利润下降得更快，从而给企业带来营业风险。

（2）营业杠杆系数的测算。

营业杠杆系数是指企业营业利润的变动率相当于营业额变动率的倍数。它反映着营业杠杆的作用程度。为了反映营业杠杆的作用程度，估计营业杠杆利益的大小，评价营业风险的高低，需要测算营业杠杆系数。

（3）影响营业杠杆利益与风险的其他因素。

影响企业营业杠杆系数，或者说影响企业营业杠杆利益和营业风险的因素，除了固定成本以外，还有其他许多因素，主要有：

①产品供求的变动。产品供求关系的变动，对产品的售价和变动成本都可能发生变动，从而对营业杠杆系数产生影响。

②产品售价的变动。在其他因素不变的条件下，产品售价的变动将会影响营业杠杆系数。

③单位产品变动成本的变动。在其他因素不变的条件下，单位产品变动成本额或变动成本率的变动亦会影响营业杠杆系数。

④固定成本总额的变动。在一定的产销规模内，固定成本总额相对保持不变。如果产销规模超出了一定的限度，固定成本总额也会发生一定的变动。

2. 财务杠杆利益与风险

（1）财务杠杆原理。

①财务杠杆的概念。财务杠杆，亦称筹资杠杆，是指企业在筹资活动中对资本成本固定的债权资本的利用。企业的全部长期资本是由股权资本和债权资本构成的。股权资本成本是变动的，在企业所得税后利润中支付；而债权资本成本通常是固定的，并在企业所得税前扣除。不管企业的息税前利润多少，首先都要扣除利息等债权资本成本，然后才归属于股权资本。因此，企业利用财务杠杆会对股权资本的收益产生一定的影响，有时可能给股权资本的所有者带来额外的收益即财务杠杆利益，有时可能造成一定的损失即遭受财务风险。

②财务杠杆利益分析。财务杠杆利益，亦称融资杠杆利益，是指企业利用债务筹资这个财务杠杆而给股权资本带来的额外收益。在企业资本规模和资本结构一定的条件下，企业从息税前利

润中支付的债务利息是相对固定的，当息税前利润增多时，每一元息税前利润所负担的债务利息会相应降低，扣除企业所得税后可分配给企业股权资本所有者的利润就会增加，从而给企业所有者带来额外的收益。

③财务风险分析。财务风险亦称筹资风险，是指企业在经营活动中与筹资有关的风险，尤其是指在筹资活动中利用财务杠杆可能导致企业股权资本所有者收益下降的风险，甚至可能导致企业破产的风险。由于财务杠杆的作用，当息税前利润下降时，税后利润下降得更快，从而给企业股权资本所有者造成财务风险。

我国财务学界对财务风险有各种界定，其中一种认为财务风险包括筹资风险和投资风险。本书采用国际上通行的财务风险称谓。

（2）财务杠杆系数的测算。

财务杠杆系数是指企业税后利润的变动率相当于息税前利润变动率的倍数。它反映着财务杠杆的作用程度。对股份有限公司而言，财务杠杆系数则表现为普通股每股税后利润变动率相当于息税前利润变动率的倍数。为了反映财务杠杆的作用程度，估计财务杠杆利益的大小，评价财务风险的高低，需要测算财务杠杆系数。

（3）影响财务杠杆利益与风险的其他因素。

影响企业财务杠杆系数，或者说影响企业财务杠杆利益和财务风险的因素，除了债权资本固定利息以外，还有其他许多因素，主要有：

①资本规模的变动。在其他因素不变的情况下，如果资本规模发生了变动，财务杠杆系数也将随之变动。

②资本结构的变动。一般而言，在其他因素不变的条件下，资本结构发生变动，或者说债权资本比例发生变动，财务杠杆系

数也会随之变动。

③债务利率的变动。在债务利率发生变动的情况下，即使其他因素不变，融资杠杆系数也会发生变动。

④息税前利润的变动。息税前利润的变动通常也会影响财务杠杆系数。

在上列因素发生变动的情况下，财务杠杆系数一般也会发生变动，从而产生不同程度的财务杠杆利益和财务风险。因此，财务杠杆系数是资本结构决策的一个重要因素。

3. 联合杠杆利益与风险

（1）联合杠杆原理。

联合杠杆，亦称总杠杆，是指营业杠杆和财务杠杆的综合。营业杠杆是利用企业经营成本中固定成本的作用而影响息税前利润，财务杠杆是利用企业资本成本中债权资本固定利息的作用而影响税后利润或普通股每股税后利润。营业杠杆和财务杠杆两者最终都影响到企业税后利润或普通股每股税后利润。

因此，联合杠杆综合了营业杠杆和财务杠杆的共同影响作用。一个企业同时利用营业杠杆和财务杠杆，这种影响作用会更大。

（2）联合杠杆系数的测算。

对于营业杠杆和财务杠杆的综合程度的大小，可以用联合杠杆系数来反映。联合杠杆系数，亦称总杠杆系数，是指普通股每股税后利润变动率相当于营业总额（营业总量）变动率的倍数。它是营业杠杆系数与财务杠杆系数的乘积。

债券投资的风险

1. 传统债券的投资风险

传统债券是相对于20世纪80年代以后出现的带有附加条款的金融创新债券而言的。传统债券至今仍然是债券的主要形式，它通常都有确定的到期日和确定的利息，资金流量的分布比较固定。如息票债券通常按票面额发行，在债券到期之前定期定量支付利息，到期时按票面额偿还；贴现债券通常按低于面额的价格折价发行，到期时按票面额偿还，其面额与发行价格的差额即是利息。投资于这种传统的债券要承担的风险主要有违约风险、利率风险、流动性风险、通货膨胀风险和汇率风险等。

（1）违约风险。

违约风险是指债券的发行人不能履行合约规定的义务，无法按期支付利息和偿还本金的风险。不同种类的债券违约风险是不同的。政府债券是以国家财政为担保，一般不会违约，可以看作是无违约风险的债券，通常人们所说的政府债券是无风险债券时，所指的风险就是这种风险，但其他风险还是存在的。除政府债券外，其他债券一般都存在违约风险，只不过违约风险的大小有所不同。通常人们都认为金融债券的风险要比公司债券的风险小，但经济生活中，也不乏金融机构破产的例子。

评价一种债券的违约风险大小，经常要参考信用评级机构对债券所做的信用评级，高信用等级的债券违约风险要比低信用等级的债券小。按国际惯例，债券的信用等级一般分为四等十二级，从高到低分别为AAA，AA，A；BBB，BB，B；CCC，CC，C；DDD，DD，D十二级。但是，信用评级是以现有的企业资料为基础做出的，在未来较长的时期内，企业的经营状况可能会发生变化，其债券的信用等级也会有所改变，因此投资者还应密切关注今后的债券信用等级变化情况。

（2）利率风险。

利率风险是指由于市场利率的变化而引起的债券价格下跌，使投资者遭受损失的风险。利率风险是各种债券都面临的风险。一般来说，市场利率与债券价格成反比变化，市场利率上升，会引起债券市场价格下跌；市场利率下降，会引起债券市场价格上升。不同期限的债券，利率风险也不一样，期限越长，利率风险也越大。

因此，即便债券的利息收入是固定不变的，但因市场利率的变化，其投资收益也是不确定的。不过，债券价格对利率变动的反映要受无风险利率水平的限制。通常人们将信用等级最高的政府债券的利率作为无风险利率。无风险利率应是正常情况下债券收益的最低限。

（3）流动性风险。

流动性风险是指债券能否顺利地按目前合理的市场价格出售的风险。如果一种债券能在较短的时间内按市价大量出售，则说明这种债券的流动性较强，投资于这种债券所承担的流动性风险较小；反之，如果一种债券按市价卖出很困难，则说明其流动性较差，投资者会因此而遭受损失。

债券流动性的高低主要取决于市场的成熟与否和积极的市场参与者的数量。在一个组织不健全、不成熟的证券市场购买债券，投资者就会承担较大的流动性风险；如果积极的市场参与者较少，也同样会降低债券的流动性。债券的流动性一般可以用债券的买卖价差来衡量，买卖价差大，表明市场参与者较少，有行无市，债券的流动性较低；反之，说明债券的流动性高。一般来说，政府债券以及一些著名的大公司债券的流动性较高；而不为人们所了解的小公司的债券的流动性就较差。

（4）通货膨胀风险。

通货膨胀风险，也称购买力风险，是指由于通货膨胀而使债券到期或出售时所获得的现金的购买力减少的风险。在通货膨胀比较严重时期，通货膨胀风险对债券投资者的影响比较大，因为投资于债券只能得到一笔固定的利息收益，而由于货币贬值，这笔现金收入的购买力会下降。

一般而言，在通货膨胀情况下，固定收益证券要比变动收益证券承受更大的通货膨胀风险，因此普通股票被认为比公司债券和其他有固定收益的证券能更好地避免通货膨胀风险。

然而，如果发生过度的通货膨胀，任何资本市场都无法避免通货膨胀风险，投资者会纷纷将资金投资于房地产等实物资产，从而导致各种证券的价格下跌，加大了风险。

（5）汇率风险。

汇率风险是指因外汇汇率的变动而给外币债券的投资者带来的风险。当投资者购买了某种外币债券时，本国货币与该外币的汇率变动会使投资者不能确定未来的本币收入。如果在债券到期时，该外币贬值，就会使投资者遭受损失。

2. 带有附加条款的债券的投资风险

20 世纪 80 年代以后，金融创新不断出现，这使债券市场发生了新的变化。债券发行人或投资银行为使筹资者降低筹资成本，并吸引更多的投资者，改变了传统债券资金流动的固定模式，在传统的债券上，增加了带有期权性质的条款，以增强债券投资和融资的灵活性。这种金融创新债券实际上是传统债券和期权的混合物，但它给债券的风险管理带来了新的内容。

债券金融创新一般是在传统债券基础上，根据需要增加如下条款：提前赎回条款、偿债基金条款、提前售回条款和转换条款等。

（1）提前赎回条款。

提前赎回条款是债券发行人的一种选择权，它赋予债券发行人在债券发行一段时间以后，按约定的价格在债券到期之前全部或部分偿还债券的权利。因此，提前赎回条款实际上使债券发行人拥有一种买进期权。一般而言，债券发行人要以高于债券面值的价格提前赎回债券，赎回价格高于债券面值的部分称为赎回溢价。

提前赎回条款对债券的发行人是有利的，而对债券投资者是不利的，因为它为债券发行人提供了在债券到期之前赎回债券以降低融资成本的机会。当市场利率降低时，债券发行人就可以行使提前赎回权，偿还以前发行的高利率债券，再按低利率借入资金，以降低融资成本；而当市场利率上升时，发行人就会放弃行使提前赎回权。因此，投资者在购买附加提前赎回条款的债券时，必须明确他可能要面临今后再投资机会的限制，或者在发行人提前赎回债券后，他只能再投资于收益率较低的债券。

附加提前赎回条款的债券的利率要比不带提前赎回条款的债券的利率高，这是对投资者所增加的风险的补偿。

（2）偿债基金条款。

偿债基金条款规定债券发行人必须在规定的日期后，再系统地逐年提前偿还一定比例的债券。按照偿债基金条款的规定，债券发行人在发行债券之后，每年都要购回部分债券，否则就构成违约。但是，发行人购回债券的价格可以有两种选择：一种是按照债券面值来赎回固定比例的债券，并以抽签的方式决定应赎回的债券；另一种是在市场上按债券的市场价格购回固定比例的债券。偿债基金条款的主要目的是保护债权人的利益，使债券有秩序地收回，可以降低违约风险，增强债券的流动性，这对债券的投资者是有利的。

但是，因为偿债基金条款赋予了债券发行人有选择赎回价格的权利，这对债券发行人是有利的，但对投资者不利。当市场利率上升时，由于债券价格下跌，发行人就可以从市场上以低于债券面值的市场价格购回债券；反之，当市场利率下降时，债券的价格上升，发行人就可以按面值赎回债券。因为偿债基金条款主要是保护债券投资者的权益，因此，附加偿债基金条款的债券利率一般要比无偿债基金条款的债券利率低。一般而言，在同等条件下，人们还是愿意购买有偿债基金条款的债券。

（3）提前售回条款。

提前售回条款赋予了投资者在一定时期以后按约定的价格（通常为面额）将所持有的债券提前卖还给债券发行人的权利。很显然，这一条款对债券的投资者有利，而对债券的发行人不利，因为它相当于给予投资者一种卖出期权。当债券的未来收益率小于提前出售的收益率时，或者投资者急需兑现时，就会行使提前售回权。但是，发行人因此而承担的风险是需要补偿的，所以带有提前售回条款的债券利率一般低于无提前售回条款的债券利率。我国财政部 1996 年曾发行一种 5 年期的凭证式国债就带有提前售回条款，按规定，这种国债在发行结束后，债券持有人可以随时到原发行网点提前兑现，提前兑现部分按实际持有天数及相应的利率计息。

（4）转换条款。

转换条款赋予债券投资者在一定时期将一定数量的债券按照固定的价格转换成公司普通股的权利。这一条款对投资者是有利的，当发行债券的公司的普通股价格上涨到较高水平时，债券的持有人就可以以固定的价格将债券转换成普通股，从而赚取较高的收益。但是，可转换债券的票面利率一般较低，因此投资者在购买可转换债券时，要权衡利弊，对公司的债券和股票进行全面的了解，不能以为将来用债券转换成股票就一定是合算的。

【案例解读】沃尔玛的低成本经营战略

沃尔玛百货有限公司，主营商品零售，由美国零售业的传奇人物山姆·沃尔顿先生于1962年在美国阿肯色州创立。经过四十多年的发展，沃尔玛公司已经成为美国最大的私人雇主和世界上最大的连锁零售商。

作为一家举世瞩目的成功企业，沃尔玛集多种成功的发展模式于一身，如沃尔玛的人才观、满意服务、全球化策略和“天天平价”等。在这些模式中，低成本经营模式最受推崇，有经济专家指出，如果没有低成本的成功，它的连锁经营模式就无法施行。其成功之道主要包括以下内容。

1. 女裤理论。

1918年，沃尔玛的创始人山姆·沃尔顿出生于美国阿肯色州本顿维尔镇，小时候家境不富裕使他养成了节俭的习惯。1936年，山姆进入密苏里大学攻读经济学学士学位，并担任过大学学生会主席。1940年，山姆毕业时正赶上第二次世界大战爆发，他毅然报名参军，在美国陆军情报部门服役。

第二次世界大战结束后，山姆回到故乡，他向岳父借了2万美元和妻子海伦开了一家小店，学会采购、定价和销售。就在这时，山姆结识了来自纽约的一名厂商销售代理亨利·维尼尔，学到了定价第一课。

当时，山姆说：“亨利卖女裤，一条只卖2美元。我们一直从同一地点购进同样的裤子，但一条卖2.5美元。我们发现，如果按亨利的卖价，裤子的销量会猛增。于是我学到了一个看似非常简单的道理：如果我用单价80美分买进东西，以1美元的价格出售，其销量竟然是以1.2美元出售的三倍！单从一件商品上看，我少赚了一半的钱，但我卖出了三倍的商品，总利润实际大多了。”

直到今天，沃尔玛依然实施着这一价格哲学，它就是沃尔玛著名的“女裤理论”。如今，沃尔玛在全世界多个国家开有连锁店和“山姆俱乐部”商店，组成了一个庞大的“沃尔玛帝国”。沃尔玛商店出售的物品从家用杂货、男女服装、儿童玩具到饮食、家具等无所不包。沃尔玛名下的各种商店，给人一个特别的感觉就是薄利多销，其口号就是“天天平价”，而且真正做到了这一点。沃尔玛的“天天平价”和一般的削价让利有着本质的区别。在沃尔玛，“天天平价”被作为一种长期的营销战略手段，而不是短期促销行为。因此,“天天平价”作为整个企业市场定价策略的核心，是沃尔玛存在的根本，也是沃尔玛发展的依托。

从开办第一家店开始，山姆·沃尔顿就始终坚持这一价格哲学，从不动摇。

2. 低价格营销——沃尔玛营销的思想精髓。

在世界上每一个国家的沃尔玛商场里，都可以看见醒目的“天天平价”“我们售价更低”“保证满意”等标语，它们昭示着沃尔玛低价营销的经营理念。

山姆·沃尔顿开办第一家沃尔玛折扣店时，就明确提出了独具一格的经营理念：以低廉的价格、热情的服务吸引小城镇的美国人。

随着沃尔玛的不断壮大，其经营理念和营销策略得到进一步完善。现在的沃尔玛不仅从目标市场的选择、促销手段的运用、销售商品的定位、店内设施和店址的确定等方面都围绕着低价策略展开，而且还以先进的经营理念、完善的运作体系、现代化的信息管理技术，保证着低价格营销的顺利实现。

3. 追求低成本的基本手段。

归纳起来，沃尔玛的低成本主要依靠下列一些基本手段来实现。

(1) 以先进的科技手段实施管理。

沃尔玛为了领先于竞争对手，先行对零售信息系统进行了非常积极的投资：最早（1969年）使用计算机跟踪存货；最早（1980年）使用条形码；1984年，沃尔玛投入4亿美元巨资，与美国休斯敦公司合作发射了一颗商业卫星，在此基础上又投入6亿美元建立了目前的计算机及卫星交互式通信系统，这样使其拥有全美最大的私人卫星通信系统和最大的私人运输车队；所有分店的电脑和总部相连，一般分店发出订单24~48小时左右就可以收到配送中心送来的商品。如此快捷的信息反馈和高效的存货管理，使得存货量大大降低，资金周转速度加快，从而降低了成本。

（2）把好管理费用控制关。

对于行政开支的控制，沃尔玛几乎做到了极致，比如规定采购费用不得超过采购金额的1%；整个公司的管理费用不得超过整个公司销售额的2%，而行业平均水平为5%左右。此外，其在人力成本方面的控制也非常严格。

（3）控制广告支出。

沃尔玛非常注重实效性，认为保持“天天平价”就是最好的广告，尽量节约广告费用，用于降低商品价格，把广告费以价格折扣的方式转移给消费者，使消费者得到真正的实惠，因而更能赢得消费者的信任。在零售业同行中，沃尔玛的广告费用是最低的，但销售额却是最高的。

（4）与供应商合作共生。

沃尔玛采购量非常大，一般从工厂直接进货，并同供应商保持长期合作的关系。通过电脑联网实现信息共享，供应商可以第一时间了解沃尔玛的销售和存货情况，及时安排生产和运输。由于效率的提高，供应商成本降低，沃尔玛也就能提供更便宜的商品让利给顾客。这种合作模式下，实现了供应商、沃尔玛和顾客三方面的“三赢”局面。

（5）采取仓储式经营，降低非实效开支。

沃尔玛的商品包装都比较简单，多采用大包装；同时，店址绝不会选在租金昂贵的商业繁华地带，而大多设在租金低而交通集中的地区或公路旁，以此降低其固定成本。装修、包装、房租等相对于消费者来说，都是非实效支出，节约这些支出，就可以尽可能为消费者提供有效支出。

4. 物流管理——低成本的重要环节。

能够做到天天低价，在于沃尔玛比竞争对手成本低，商品周转快。该公司在具体做法上是绕开中间商，直接从工厂进货。灵活高效的物流配送系统，则是沃尔玛达到最大销售量和低成本的存货周转的核心。

如今，沃尔玛配送中心分别服务于美国18个州约2500个商场，配送中心约占地10万平方米，整个公司销售商品的85%由这些配送中心供应。相比之下，其竞争对手却只有5%~65%的商品进行集中配送。沃尔玛完整的物流系统不仅包括配送中心，还有更为复杂的资料输入采购系统、自动补货系统等。

沃尔玛使用商业卫星后，实现了全球联网，全球4000多家门店通过全球网络可在1小时之内对每种商品的库存、上架、销售量全部盘点一遍，并通知货车司机最新的路况信息，调整车辆送货的最佳线路。

5. 开发自有品牌。

到过沃尔玛山姆会员店的人，都会对沃尔玛的山姆国货精选、鲍比·布鲁克斯服装、奥罗伊狗食、特选小猫食、常用机械五金工具、野外运动猎装、沃尔玛家用油漆、沃尔玛纸张用品等这些集沃尔玛品牌平价与优质于一身的自有品牌商品记忆犹新。

沃尔玛在开发自有品牌中所做的一切都是基于顾客的需求，并着重在以下几方面体现品牌的价值：可信度、一贯性、低价格（低于国内品牌至少10%）、质量优（高于或等于国内品牌）、独特性等。

这些自有品牌一经面世，便成为沃尔玛顾客的钟爱商品，而且这些商品只有在沃尔玛门店才能买到。

为了降低经营成本，沃尔玛采取了一系列有效措施，这些措施值得中国企业借鉴和学习。归纳起来，主要包括三个方面：

1. 树立开源节流的观念，厉行节俭。

简朴的生活、工作，有益于员工的品德修养。而经营中各种费用的降低，保持了企业的低成本，使之能让利于消费者。

2. 利用信息技术，提高运营效率。

信息技术为企业提高经营管理的效率和水平提供了方便快捷的手段。应用现代信息技术，对于降低库存、控制成本、加快资金周转和提高企业对市场变化的反应速度，具有明显的促进作用。沃尔玛是率先成功使用现代信息技术的企业。

3. 加强管理，查处盗窃，减少损耗。

在零售商业中，把存货数量小于商品购入数量与销出数量的差额称为损耗。它是指被盗窃、损坏或丢失的商品数额，是零售业盈利的大敌之一。在这方面，沃尔玛的控制工作做得非常成功，这项工作成了防止经营成本上升的有效措施。在实施过程中，从“跑”“冒”“滴”“漏”抓起，严格要求每一个员工，防微杜渐，减少损耗，增强公司的竞争力。

10

|第十章|

F I N A N C E

如何规避股权之争的风险

如何实现核心创始人在股东会上的控制力？最直接的方法是在商业上可行的情况下，核心创始人持有的公司股权达到或超过50%，这样核心创始人就直接拥有了股东会上过半数的表决权。

企业小的时候通常只是忙着做业务，焦点在业务层面，而当企业发展到一定阶段，焦点已经转变为风险管理。很多企业死掉，多数是因为想做大而死掉的，是因为扩张导致的风险。

如何防止自己的股权被稀释

我们时常会听说一些某某创始人被公司夺权“请”出董事会的事情，那么在企业成长的过程中，我们该如何避免出现这种问题呢？

要实现创始人对公司的控制力，一般需要在股东会及董事会两个层面上做出相关的安排。我们今天只说股东层面。

如何实现核心创始人在股东会上的控制力？最直接的方法是在商业上可行的情况下，核心创始人持有的公司股权达到或超过50%，这样核心创始人就直接拥有了股东会上过半数的表决权。这点在创业初期实现起来并不难，但在公司发展过程中经过数次融资的摊薄或稀释后，核心创始人所持有的股权往往会被稀释到50%以下甚至更低。如果核心创始人需要确保自身股权被数轮融资稀释至50%以下后，仍在股东会上有较强的控制力与影响力，可以考虑如下建议。

1. 归集其他小股东股权上的表决权

通俗地说，就是核心创始人将其他小股东的表决权拿过来由核心创始人统一表决，这样可以增大核心创始人在股东会上实际控制的股权表决权的数量。归集的具体方式，简单的有表决权委托，即小股东签署授权委托书将其所持股权的表决权排他性地授予核心创始人行使；复杂但更为稳定可靠的一种归集方式为：小股东通过一家持股实体（有限责任公司或有限合伙）间接持有公司的股权，核心创始人通过成为该持股实体的法定代表人、唯一的董事、唯一的普通合伙人或执行事务合伙人的方式实际控制并行使持股实体所持有的公司股权的表决权。

2. 多倍表决权

这种方式是通过增大核心创始人所持股份表决权数量来增大核心创始人在股东会表决时的权重。具体操作方式为：其他股东所持股份仍为“一股一票”，但创始股东所持股份为“一股数票”（如一股十票）。

此种操作方式当公司是境外公司（如开曼或BVI）时，得益于当地法律在该问题上开放与灵活的态度，比较容易直接实现；当公司是境内公司时，则需要根据实际情况做些特殊的设计与安排。不少在美国上市的中概股公司，如京东，即是通过此种安排实现创始人对公司的实际控制的。

3. 核心创始人否决权

上述两种方式是增大核心创始人在股东控制力的进攻性的策略。核心创始人否决权则是增大核心创始人在股东控制力方面的一种防御性的策略，尤其是在上述两种方式不能实现的时候，显得尤为重要。

核心创始人否决权，意思是说，对于公司有重大影响的事件（可以具体列出，如解散、清算、分立、合并、出售控制权或大部分资产、主营业务变更、重大对外并购、公司预算决算、变更董事会组成规则或人员、聘请与更换审计师、上市、重大人事任免、股权激励等）必须得到核心创始人的同意或赞成表决方可通过并实施。

用股权规避风险的注意事项

企业小的时候通常只是忙着做业务，焦点在业务层面，而当企业发展到一定阶段，焦点已经转变为风险管理。很多企业死掉，多数是因为想做大而死掉的，是因为扩张导致的风险。很多老板跑路，一定程度上是因为没有做好风险规避。

1. 一个人承担风险太沉重

现实中，老板和员工大多是一种共创共享的关系，也就是一起创业，一起分钱，而且是员工先分，先拿工资和奖金，老板后分，有利润才能分。表面上看这种关系很和谐，实际上这种关系却很松散，没有黏性，公司一旦有难，老板只能一个人承担所有风险，倾家荡产甚至跳楼，而员工却可以跳槽。

还会出现的一个现象是，如果老板被抓，员工特别是高管们肯定跑得比狗都快，而且可能还不会空着手，还会带点东西或者带着公司很核心的东西跑。相反，如果是高管被抓起来，老板一定会去救，并且会安抚好他和他的家人，工资照发。

所以把风险都压在老板一个人身上，无疑太过于沉重，无论是对老板个人还是对企业都是非常不安全的。企业能够永续经营，是所有创业者的梦想，而风险也一直都在，所以规避、分散风险和发展企业同样重要。

2. 用股权规避融资风险

对于大多数企业来说，企业发展、扩张需要资金时，通常可以考虑的融资渠道包括投资人、合伙人、内部员工、银行甚至高利贷，但是这几种渠道融来的资金，风险是不一样的。

用投资人、合伙人的钱或者让员工入股用员工的钱，如果企业是在正常经营的情况下亏损甚至死掉，他们作为股东会一起承担风险。用银行的钱，门槛比较高，会有很多限制，比如抵押、股东承担无限责任等，所以当企业不能偿还借款时，银行会拍卖抵押物或者追溯到老板的个人财产。用高利贷的钱，没有门槛，但是会面临更大的风险，一旦你还不起，他们可能会杀了你。

也就是说，用股东的钱基本上是零风险，而用高利贷的钱却有可能丢掉性命，所以要尽可能多用股东的钱，少用银行的钱，宁愿企业死掉也不要用高利贷的钱，因为企业死了还可以从头再来，人没了就什么都没了。所以融资要找对渠道用对钱，才能远离风险。

3. 用股权规避投资风险

当企业有了余钱或者发现有好的项目时老板通常会考虑对外投资，因为把企业做大也是老板的梦想，但是任何投资都是收益伴随着风险，如果做不好风险评估，仅凭着感觉去做，就很容易掉进风险中，给企业带来损失。

凭着感觉去投资，通常会发生在老板一个人说了算的企业里，没有其他股东，钱是老板自己的，别人说了不算，而老板一个人的智慧终也抵不过一个团队的智慧，所以有些时候老板其实是在乱投资。

如果有其他股东，对外投资是需要其他股东也同意的，那么股东们就会对投资项目的可行性进行分析、讨论、辩论，这样就可以避免一个人考虑不周带来的风险。

如果没有其他股东，可以通过不同的投资方式创造股东，来达到规避投资风险的目的。我们就以投资一个新项目为例来分析什么样的投资方式可以规避投资风险。

如果老板一个人投资了新项目，只是派一个职业经理人去负责这个项目的运作，那么对经理人来说项目做得好坏是无所谓的，他只要拿到自己的工资就可以了，项目做得不好经理人不需要承担什么风险，最多是奖金少了或者没了，而对老板来说却要承担很大的风险，可能会血本无归甚至倾家荡产。这种投资方式很容易导致投资失败，因为经理人花的不是自己的钱，用心程度会不一样。

如果换一种投资方式，不只是老板一个人投资，而是让负责项目的总经理也跟着投资而成为股东，结果就会不一样，投资风险就会大大降低。如果总经理愿意投资，说明总经理对这个项目有信心，而且他有钱在里头，一定会用心去做。

如果总经理不愿意投资，说明总经理对这个项目没有信心，或者不愿意承担风险，让一个没有信心的人去做这个项目，而且他没有钱在里头，做不好自己也没有风险，失败的概率就要大很多，这种情况下，项目再好也没有用，正如柳传志所说：再好的项目，如果没有合适的人，就不去做。

如果企业本身的治理结构已经比较规范，有股东会、董事会，要做投资的话，可以借鉴复星集团的做法，比如在做投资决策时，会有董事参与投票，凡是投票赞成的董事也要跟着投资，防止他们做决策时不动脑筋或者做好人，推荐项目的人也要投资，防止推荐人不负责任。这些也都是通过股权来规避投资风险的方法。

4. 用股权规避决策风险

一个人做决策和一个团队做决策是不一样的。企业最大的风险是决策风险，决策风险带给企业的损失都是非常大的。要降低决策风险，最好的办法就是让很多人入股，让很多人的利益都牵扯进去，做决策的时候就可能会出现各种辩论，通过辩论看到事物的本质，这样做决策就会从一个人的感性变成一个群体的理性。

史玉柱在做脑白金之前，都是他一个人做决策，结果一度成为中国最大的“负翁”。后来他做了反思，成立了七人投资委员会，任何一个项目，只要赞成票不过半数就一定放弃，否决率高达三分之二。但是后来史玉柱所有的投资决策都是成功的，比如投资脑白金、五粮液、民生银行、征途游戏等。

5. 用股权规避经营风险

经营风险有很多，比如产品质量、市场、广告、操作、安全等，任何一种风险都会给企业带来不同程度的伤害和损失，所以如何让员工尽职尽责降低经营风险也是每个老板关注的事情。

当企业发展到一定阶段时，老板就需要把权力分给员工，让员工为自己的工作负责，但是如果员工只是员工，员工承担的就只是工作的责任，没有能力甚至不需要承担风险，经营风险还是老板一个人的。而如果员工有股权，那么员工因为个人原因造成损失，他的股权也会跟着受损失或者失去。

所以，企业的关键岗位一定要安排股东来做，特别是总经理，最好是除了老板之外的第二大股东，这样，总经理就会和老板一起承担经营上的风险。还有一些不好考核的岗位，最好也能和员工的股权挂起钩来，当责任、利益和风险挂钩时，降低风险就成了大家共同关注的重要目标。

6. 用好股权一举多得

管理从表面上来看是责权利的统一，本质上却应该是责权利和风险的对等。但是一直以来通常只有老板在承担风险，员工特别是高管虽然也有着不低的责权利待遇却不需要承担风险，他们最大的风险就是被开掉，但是开掉以后他们换个单位可能会获得更高的职位。

这个逻辑显然有失公平，很多老板已经意识到了，所以就有了内部创业、合伙人制、内部众筹等让员工入股的方式，既解决了资金问题又挖掘了员工潜力，最重要的是能够确保责权利和风险对等，让企业进入良性循环，这样一举多得的效果，恐怕只有股权可以做得到，所以用好股权是每一个老板必须学会的本事。

股权被稀释后如何掌控企业

公司融资会使得创始人的股权被反复稀释，以至于公司股权与投票权相分离就是一个普遍的选择。双层或者多层股权结构是新生代技术公司的一种发展趋势，谷歌在上市时就采用了双层股权结构，其中A种股票每股有1份投票权，B种股票每股有10份投票权，只有创始人持有B种股票，这种设计使得创始人对公司的控股权超过50%。

为什么需要设立双层股权结构?

一般来说，发行公司债券要求很大的公司规模和较低的负债率，而很多成长性公司资产比例低，很难发行公司债券。它们急需资金发展，投资者又看好这个行业，因此创始人在公司融资的时候稀释自己的股权是常用的手段。如今，接受“双层或多层股权”的国家并非只有美国，加拿大、新加坡、以色列、日本、丹麦、芬兰、德国、意大利、挪威、瑞典和瑞士等国家也接受。

1. 双层、多层结构上市公司实证分析

（1）谷歌的双层股权结构。

2004年，谷歌在上市时就采用了双层股权结构，其中A种股票每股有1份投票权，B种股票每股有10份投票权。只有创始人谢尔盖·布林、拉里·佩奇和前首席执行官埃里克·施密特三人持有B种股票。这种设计使得三人对公司的控股权超过50%。两位创始人表示，双层股权结构是新生代技术公司的一种发展趋势，符合谷歌上市时的经营理念，可以保护公司不受短期压力干扰，给公司长远发展带来更多灵活性。

（2）Facebook的多层股权结构加“投票协议”。

2009年11月25日，Facebook宣布调整公司的股权结构，将所有股份分为A级和B级两个级别。两种股票的唯一区别就是代表的投票权不一样。同时，若持有B级股票的股东在上市之后选择出售股份，那么这些股票将被自动转换为A级股，以此确保现有股东的表决权不会因IPO而稀释。根据Facebook招股书，截至2011年12月31日，Facebook上市前共发行了1.17亿股A级股和17.59亿股B级股。公司创始人马克·扎克伯格持有5.34亿B级股，占B级总数的28.4%。这个比例并不能确保扎克伯格的绝对控制权，因此其双层股权结构的设计还加入了一个表决权代理协议，前十轮融资中Facebook的所有投资者都需要同Facebook签订这份表决权代理协议，同意在某些特定的需要股东投票的场合，授权扎克伯格代表他们进行表决，且这项协议在IPO完成后仍然保持效力。这部分代理投票权为30.5%，加上其本人所拥有28.4%的B级股，扎克伯格总计拥有58.9%的投票权，具有对Facebook的绝对控制权。

（3）福特、华盛顿邮报、默多克集团等其他知名企业。

福特汽车也分为A股和B股，其中B股只有福特家族才能持有。创始人亨利·福特规定：只要福特家族持有的B股超过6070万股（约百分之四），该家族在公司中的投票权就是40%，其余股东不管持有多少股份都只能享有60%的投票权。2012年IPO的曼联也采用了双层股权结构，其中曼联投资者持有42%的曼联A类股票，但总计只有1.3%的投票权；而控制曼联的格雷泽家族除了持有58%的A类股票，还持有全部存在10倍投票权的B类股票，总计拥有98.7%的投票权。此外，伯克希尔·哈撒韦公司和默多克的新闻集团、纽约时报、华盛顿邮报都采用了双层股权结构。

2. 小心股权交易里的风险

股权交易有哪些风险，我们该如何应对这些风险？

（1）并购时税务风险承担条款（法人）。

在收购企业股权时，收购方最担心的是企业之前的税务风险（尤其在收购个体工商户或民营企业时），如果收购以后被税务机关稽查补税，可能面临巨额的补税和罚款等。所以，收购方要求转让方承诺承担之前的税务风险，一些股权转让协议就写上“标的企业股权转让日之前产生的任何补税、滞纳金、税收违法的罚款由转让方承担”。

但是，根据税法的规定，如果标的企业产生补税、滞纳金、罚款，税务机关处罚的对象是标的企业，这是一种行政责任，不会因双方的民事合同约定而改变。

建议的表达方式：可以将表述转化为“并购企业承担的任何股权转让日之前的税收补税、滞纳金、罚款，股权转让方保证向并购企业做出等额赔偿”。通过合同条款，将补税的行政责任转化为双方的民事关系。

（2）转让方获取的对赌补偿的个人所得税问题（自然人）。

在投资或并购交易中，投资者为了维护自身的利益，防止投资时由于对被投资企业的估值过高而遭受损失，往往会通过“对赌条款”来对被投资企业的估值做出修正以保证自身的利益。如果被投资企业的业绩达到预定或超过预定目标，投资者可能会以货币或股权等形式补偿原股东。

根据《股权转让所得个人所得税管理办法（试行）》的公告（国家税务总局公告2014年第67号）第9条的规定，“纳税人按照合同约定，在满足约定条件后取得的后续收入，应当作为股权转让收入”。按此逻辑，转让方在获取对赌补偿后，应调整股权转让收入的应纳税所得额并补缴个人所得税。

（3）股权交易中的税务成本承担责任主体。

股权转让方如果是个人（包括境外个人）、境外企业（注：境内企业由于股权转让收益与公司的盈亏合并纳税，不涉及单独计税问题），由于股权转让需要单独计算纳税，合同中通常需要明确涉及的税务成本由谁承担，也就是转让对价是税后的还是含税的问题。

在实务中，股权转让合同通常喜欢写“一切税费由××方承担”。其实，股权转让只涉及所得税（个人：个人所得税，境外企业：企业所得税）和印花税。通常合同只需要明确所得税由哪一方承担即可，根据税法的规定，印花税通常是双方都要承担的，股权转让应该是转让方取得收益，承担纳税义务。纳税义务由税法规定，不能由民事合同自行约定，交易双方自行约定纳税义务属于违法、无效。

建议的表达方式：在合约中的表述改为“股权转让价格为税后价格”。

（4）自然人股权转让时法律手续不符合税收法律规定。

在实际中，许多自然人在转让股权时通常私自签订平价或折价的股权转让协议，在当地的工商部门办理变更登记手续后不去税务局备案，这是不符合税法规定的，会受到税务部门的稽核和处罚。

自然人在转让股权后，应该将变更后的营业执照、股权转让协议、银行回单凭证等在税务机关备案，如果不是平价转让的，还要申报个人所得税。

（5）申报的股权转让收入价格不公允。

许多自然人为了少申报或不申报个人所得税，通常会在合同中约定不符合独立交易原则的条款，比如折价或平价转让，甚至有些新三板挂牌企业在转股系统中以很低的价格转让，以规避所得税。

67号文规定，被转让企业拥有土地、房屋等重大资产的，应以股权对应的净资产的公允价值（而非账面价值）为标准来衡量股权的转让价格是否偏低。如果符合67号文12条规定的情形，税务机构可以认为股权转让收入明显偏低，可以进行核定征收。

（6）留存收益过高导致溢价过高，多交企业所得税。

根据国税函（2010）79号文的规定，企业转让股权收入，应于转让协议生效且完成股权变更手续时，确认收入的实现。转让股权收入扣除为取得该股权所发生的成本后，为股权转让所得。企业在计算股权转让所得时，不得扣除被投资企业未分配利润等股东留存收益中按该项股权所可能分配的金额。

建议：在发生股权转让时，可以先将留存收益进行分配（居民企业股东分配的股息、红利等投资收益免税），降低净资产，再转让股权，从而降低股权转让的价格和转让所得，减少企业的所得税。

区分绝对控股和相对控股

绝对控股是指在企业的全部实收资本中，某种经济成分的出资人拥有的实收资本（股本）所占企业的全部实收资本（股本）的比例大于50%。这种绝对控股模式虽然可以增强管理监督力度，但同时对公司业绩的提升也会产生一定的负面影响。

投资双方各占50%，且未明确由谁绝对控股的企业，若其中一方为国有或集体的，一律按公有绝对控股经济处理；若投资双方分别为国有、集体的，则按国有绝对控股处理。

在绝对控股模式下，其他中小股东实际上丧失了投票权，无力监督也无心监督。这种情况下，大股东往往会诱生出机会主义行为，如绝对控股的母公司把上市公司当作提款机，利用关联交易掏空上市公司等。大股东对私人收益的追逐将会直接降低公司价值，从而损害其他股东的合法权益，大股东可能以牺牲企业利益为代价为自身攫取更多利益。

相对控股是指在企业的全部实收资本中，某经济成分的出资人拥有的实收资本（股本）所占的比例虽未大于50%，但根据协议规定拥有企业的实际控制权（协议控股），或者相对大于其他任何一种经济成分的出资人所占比例（相对控股）。

在相对控股模式下，对代理人的监督比较有效，因为此时不但第一大股东有动力监督经营者和管理公司，其他大股东由于占有较高的比例，也承担着巨大的资金风险，因此不会像小股东一样产生搭便车的动机，会积极参与公司事务。另外，在相对控股模式下，控股股东的控制权比较明确，当公司面临市场变化、经理人员不称职行为或决策失误时，控股股东能够迅速做出反应，改变公司的经营策略以及撤换管理层，选聘优秀人员。

同时，由于有多个大股东存在，可以通过有效的制度安排使大股东实施最优的监督力度，一方面降低了单一大股东的监督激励，缓解了一股独大、超强投票权条件下的过度监督，另一方面可以有效防止出现内部人控制现象。

当然，相对控股模式也有缺点：由于各股东均处于参股地位，前几大股东的持股比例相对比较接近，董事会成员代表着不同股东的利益，各董事均没有绝对的表决权，重大决策和经营决策管理可能存在较大分歧，难以在短时间内达成一致的解决方案，有可能延误了最佳的解决时机。

【案例解读】万科股权之争

万科股权之争是中国A股市场历史上规模最大的一场公司并购与反并购攻防战。2015年12月17日，一份王石内部讲话公开挑战宝能系，万科股权之争正式进入正面肉搏阶段。

1. 宝能增持。

2015年1月，前海人寿（宝能系）就通过证券交易所买入万科A股股票，根据披露的信息，前海人寿于2015年1月、2015年2月、2015年3月、2015年4月、2015年6月和2015年7月都有所交易。而第一次构成举牌为2015年7月。

万科公告显示，截至7月10日，前海人寿（宝能系）通过二级市场耗资80亿元买入万科A约5.52亿股，占万科A总股本的约5%。

半个月不到的时间，7月24日，前海人寿及其一致行动人钜盛华对万科二度举牌，持有万科股份11.05亿股，占万科总股本的10%。而前海人寿与钜盛华的实际控制人均为姚振华。

值得注意的是，在完成本次增持后，姚振华方面持有的万科股票数量距离万科单一大股东华润已经非常接近。

2015年8月26日，前海人寿、钜盛华通知万科，截至当天，两家公司增持了万科5.04%的股份，加上此前的两次举牌，宝能系合计持有万科15.04%的股份，以0.15%的优势，首次超越了万科原第一大股东华润集团。

但是，9月4日，港交所披露，华润耗资4.97亿元，分别于8月31日和9月1日两次增持，重新夺回万科的大股东之位。截至11月20日，华润共持有万科A股15.29%的股份。

11月27日—12月4日，钜盛华买入万科5.49亿股，合计持有万科A股股票约22.1亿股，占总股本的20.008%，取代华润成为万科第一大股东。

宝能系“买买买”的节奏根本停不下来。截至12月24日，宝能系对万科的持股比例增至24.26%。

2016年6月26日当天万科公告，收到宝能系要求罢免包括王石、郁亮在内的万科10名董事、2名监事的文件。至此，宝能系亮出了底牌，旨在终结万科的“王石时代”。

宝能系则在万科A复牌后，再度“买买买”，将持有万科的股份数提至25.04%。

2. 万科反击。

2015年12月17日，王石在北京万科内部谈话中表示，宝能系增持到10%的时候，自己曾在冯仑的办公室见过宝能系的老板姚振华，双方谈了四个小时。宝能系掌门人姚振华曾经承诺，宝能系成为大股东之后，王石还是旗手。

但是生性直白的王石当时表态，在那个时间点上选择万科的股票、增持万科是万科的荣幸，“但是你想成为第一大股东，我是不欢迎的”。

王石称，宝能系用短债长投方式强行进入万科，风险极大，就是一场赌博。当时王石表明不欢迎宝能的四大理由是：其信用不足、能力不够、短债长投、风险巨大，华润作为大股东角色重要。

就在王石表明“不欢迎”宝能的第二天，万科总裁郁亮也发声表明自己的立场，其表示和王石站在同一战线，并称敌意收购都是不成功的。

在王石公开叫板宝能系后，王石曾于2015年12月23日在香港拜访瑞士信贷，并与投资者交流。席间，王石表示不会用“毒丸计划”击退宝能，但也承认“按照宝能现有的股权，进万科董事会是迟早的事”。

2015年12月23日深夜，万科以及安邦同时发布公告，表达双方结盟意图。万科表态欢迎安邦成为万科重要股东，而安邦也发布声明称看好万科发展前景，会积极支持万科发展，希望万科管理层、经营风格保持稳定。

2015 年 12 月 24 日平安夜，王石继续拜票，当日王石一行至少去了两家机构进行拜票，一家是香港的外资，另一家则是在深圳国泰君安。

2015 年 12 月 24 日，宝能系实际控制人姚振华在参加深圳市第四届金融发展决策咨询委员会全体会议时，回应称："王石是我非常尊敬的人，他是地产界的老大哥。其实没有那么激烈，主要是媒体炒作，我们一直与万科在做良好的沟通。"而此前姚振华极少在媒体公开露面。

3. 停牌——先发制人。

2015 年 12 月 18 日，万科 A 发布临时停牌公告称，正在筹划股份发行，用于重大资产重组及收购资产。彼时，宝能系已经通过二级市场连续增持万科，合计持有后者 22.45% 股份。这也被视为王石及万科管理团队对宝能系的正式反击。

2015 年 12 月 18 日，宝能集团在官网发表声明称，公司重视风险管控，重视每一笔投资，恪守法律，尊重规则，相信市场的力量。

万科停牌时间历时六个月之久，重组对象始终扑朔迷离。直至停牌后的四个月，才首次公布了重组对象为深圳地铁。

4. 重组——寻找靠山。

在万科经历了君万之争后，2000 年，王石主动引入了央企华润集团，希望在股权结构上进行调整，吸引有实力的财团进入，成为战略性大股东。在此后的 10 多年，王石和郁亮多次公开表示，华润是万科最好的大股东，前者给万科提供了律师、会计方面的专业人士，在万科的组织建设上，在万科的整个管理架构上，在监督机构上，起到至关重要的作用。万科在2015年遭遇宝能系持股的时候，也一度求助于大股东，但是华润并未介入。因此，万科转向找到了另一家国企深圳地铁，以解自身的危机。

按照万科发布的交易预案公告，万科拟以发行股份的方式购买深圳地铁持有的前海国际100%股权，初步交易价格为456.13亿元。万科将以发行股份的方式支付全部交易对价。出这一招，万科的计划是通过发行股份，稀释宝能系的股份。但是令万科意外的是，这一招同时也稀释了华润的股份，直接导致华润的激烈反对。在6月17日的董事会上，华润系的三位董事对重组预案直接投了反对票，表现了鲜明的态度。

由于重组预案需要召开第二次董事会和股东大会，如今宝能系和华润的持股量高达40%，可以否决万科提出的任何议案。

面对华润的翻脸，王石在微博上坦言，最后的遮羞布被撤掉了。万科与宝能系的战争，突然杀入了华润，使得这场管理权之争的前景更为复杂和难测。"君万之争"后，万科引入了华润这个曾经最好的大股东，但是这一招显然不是万能的。

5. 舆论——员工、股东齐上阵。

2016年7月，宝能系曾要求罢免万科现有管理层，这直接激起了万科的强烈反对。万科工会委员会起诉宝能损害股东利益的诉讼，深圳市罗湖区人民法院已经受理此案。根据《民事起诉状》，万科工会的诉讼请求主要有五个，包括请求判令5名被告持有万科A股股票达到5%时及其后续继续增持万科A股股票的行为属于无效民事行为，以及要求不得对其违法持有的万科A股股票行使表决权、提案权、提名权、提议召开股东大会的权利及其他股东权利。万科工会的诉讼理由主要有三个：钜盛华、前海人寿等涉及未履行向国务院证券监督管理机构书面报告的义务，未严格按照《证券法》《收购办法》的要求履行信息披露义务，增持属于无效民事行为。

除此之外，越来越多的第三方加入到该阵营。

万科第一大自然人股东向证监会、银监会、保监会等七个监管部门实名举报华润、宝能，质疑二者之间的关联关系。包括质疑华润和宝能系之间到底有多少重大利益关联；华润和宝能系在关于万科第一大股东地位的问题上何时开始谈判交易；双方在深铁重组事件上联手反对的原因；双方达成第一大股东易主的秘密协议是否已涉嫌内幕信息交易和市场操纵，以及质疑宝能用于收购资金的来源是否合法。

此外，万科独董华生也曾在微博上公开质疑华润和宝能一致行动人的关系。相比上一次，万科的盟军阵容显然更强大。

6. 盖棺定论。

2017 年 6 月 9 日晚，中国恒大发布公告称，其持有 15.53 亿股万科股份，以 292 亿元悉数转让予深圳地铁。恒大转让 14.07% 万科股权，终破“万宝之争”僵局。

中国恒大公司于 2017 年 6 月 9 日作为转让方与受让方深圳地铁签订协议，据此将持有的共 15.53 亿股万科 A 股出售予受让方，总对价约为人民币 292 亿元，每股转让价格 18.80 元。预期将就出售事项产生亏损约为 70.7 亿元，唯以最终审计为准。

本次转让后，恒大此前所持 14.07% 万科股份全部出清，深铁持股由 15.31% 变为 29.38%，超宝能 25.4% 持股成万科第一大股东。

目前万科各方股东持股比例依次为：第一大股东深圳地铁 29.38%、第二大股东宝能系 25.4%、第三大股东安邦 6.73%。此前，2017 年 3 月份，恒大已经将所持万科股份表决权、提案权及参加股东大会的权利，不可撤销地委托给深圳地铁集团行使，期限一年。此次转让后，深圳地铁正式成为万科第一大股东，万科大股东再次易主。